# 撸起袖子加油干

## 实干型员工的8种干法

金跃军 —— 著

> 俗话说："上下同欲者胜。"
> 在这个新时期，我们只有响应总书记的号召，
> **撸起袖子加油干，与企业同心同德，**
> 才能实现个人与企业的共同进步，共创辉煌。

**企业员工执行力提升培训读本**

中华工商联合出版社

图书在版编目(CIP)数据

撸起袖子加油干：实干型员工的8种干法 / 金跃军 著. -- 北京：中华工商联合出版社，2021.9
ISBN 978-7-5158-3104-6

Ⅰ.①撸… Ⅱ.①金… Ⅲ.①企业管理-职工培训-通俗读物 Ⅳ.①F272.92-49

中国版本图书馆CIP数据核字（2021）第185504号

## 撸起袖子加油干：实干型员工的8种干法

| 作　　者： | 金跃军 |
| --- | --- |
| 出 品 人： | 李　梁 |
| 责任编辑： | 胡小英 |
| 装帧设计： | 周　琼 |
| 责任审读： | 李　征 |
| 责任印制： | 迈致红 |
| 出版发行： | 中华工商联合出版社有限责任公司 |
| 印　　刷： | 北京毅峰迅捷印刷有限公司 |
| 版　　次： | 2021年9月第1版 |
| 印　　次： | 2021年9月第1次印刷 |
| 开　　本： | 710mm×1020mm　1/16 |
| 字　　数： | 180千字 |
| 印　　张： | 13.25 |
| 书　　号： | ISBN 978-7-5158-3104-6 |
| 定　　价： | 58.00元 |

服务热线：010－58301130－0（前台）
销售热线：010－58302977（网店部）
　　　　　010－58302166（门店部）
　　　　　010－58302837（馆配部、新媒体部）
　　　　　010－58302813（团购部）
地址邮编：北京市西城区西环广场A座
　　　　　19－20层，100044
http://www.chgslcbs.cn
投稿热线：010－58302907（总编室）
投稿邮箱：1621239583@qq.com

**工商联版图书**
**版权所有　侵权必究**

凡本社图书出现印装质量问题，请与印务部联系。
联系电话：010－58302915

# 前言 | Preface

2017年新年伊始，习总书记的一句"撸起袖子加油干"燃遍了全国大江南北！撸起袖子加油干，是一种精神，是推动事业向前发展所需要的精气神。人无精神不立，国无精神不强，事业是干出来的，不干则一事无成。说得好不如干得好，喊破嗓子不如甩开膀子。撸起袖子，就是这样一种实干的精神。

2018年，一名云南"80后""白发老干部"在网上一下子火了起来。许多媒体争相报道了这个"白发老干部"的事迹，引得网友们疯狂点赞。这位"白发老干部"叫李忠凯，是云南大姚县湾碧乡党委书记。

由于基层工作的压力和长期作息、饮食不规律，所以只有三十几岁的李忠凯看起来又老又胖，他这种常年躬身一线的精神，可谓是踏实干事的典型了。"空谈误国，实干兴邦"，这是人们从千百年历史中总结出来的治国理政的经验教训，更是我们党在治国理政中反复强调的一个重要思想。

要问当今企业需要什么样的人才？那拥有实干精神的人才，必定会榜上有名。阿里巴巴的董事长马云曾经说过："我考核一名员工首先是要看他是否有吃苦耐劳的实干精神，而不是看他有什么能力，如何有本领，因为本领可以学，而吃苦耐劳的品质是一时学不来的。"

就拿王宝强来说吧，他"北漂"的时候，为了一个50元一天的群演工作，往往要在北京厂门口蹲上一整天。即便这样，为了能够让自己刻画的路人甲更加生动，他还要坚持学习。一旦被导演选中，无论出演什么样的角色，他永远都是不怕苦不怕累的一个。王宝强能够从成千上万的群演中脱颖而出，拥有的不仅仅是幸运，更多的是因为他的努力。

任何一个人从校门走向社会，继而在职场中站稳脚跟，成就一番事业，都不是一件容易的事情，都需要踏踏实实地干事，一点一滴地积累出来的。那些能够在职场中闯下一片天地的人，无一不是拥有实干精神的优秀员工。在他们的脑海里，装着的不是"我这个月能够挣多少钱"，而是"我该怎么干，才能将工作干得更好"。纵观这些优秀员工，无一不拥有着想干事的精神、能干事的能力和干成事的魄力。

想干事是实干精神的基础。只有想干事了，才会有动力和激情，才能够热爱自己的职业，优秀的员工会全身心地为了自己的事业而奋斗，不叫苦，不喊累，将努力工作视作自己的人生信仰。

能干事是一种能力。优秀的员工在工作中遇到了问题愿意动脑思考，出问题了，敢于担当，从不为自己找任何借口。他们脚踏实地，尽忠职守，克服一系列的工作惰性，始终保持一种积极进取、攻坚克难的精神和劲头，扎扎实实地干好每一项工作。

干成事是实干精神的目标。优秀的员工会为了更好地完成工作，持续不断地学习；会努力提高自己的业务能力，努力将一切美好的想法付诸到行动当中；会用心去创新，为企业注入鲜活的生命力；会团结起一切可以团结的力量，努力将工作完成得更好。

俗话说："上下同欲者胜。"在这个新时期，在这个无比接近中华民族伟大复兴的时刻，我们只有撸起袖子加油干，与企业同心同德，才能实现个人与企业共同进步，共同辉煌的目标。

不要问该从什么时候开始努力？答案就是现在。种一棵树最好的时机是在十年前，其次是现在，过去的遗憾我们已经无法弥补，那就从现在开始努力，撸起袖子加油干，这才是对未来最好的承诺。

# 目录 | Contents

## 第一章　想干事：记住，你是在为自己工作

将"努力干"视为人生信仰 / 002

任何付出，都不是白干 / 007

心怀感恩去干，工作不会亏待你 / 012

干得积极的人，才是真正聪明的人 / 016

干一行，爱一行，精一行 / 021

## 第二章　敢担事：勇于承担工作的责任

永远别说"干得差不多了" / 028

多干的一点，将成为你的砝码 / 033

干彻底，别将工作留给别人 / 038

真正的干将，勇于承担责任 / 043

将"要我去干"变成"我要去干" / 048

## 第三章　干对事：带着脑子去干，效率才能更高

深思熟虑后再去干 / 054

循序渐进地干，分清主次是关键 / 059

专注地干，要忙碌不要盲目 / 064

没有功劳，埋头苦干就没有意义 / 068

从实际出发，认清自我再去干 / 073

## 第四章　马上干：立马动起来，行动最重要

不能干也得干，别给自己找借口 / 080

别再犹豫，果断地去干 / 085

干起来，就现在，别磨叽 / 089

说得多，不如干得多 / 094

想要梦想实现，就得先干起来 / 099

## 第五章　学着干：学无止境，干到老学到老

一边干，一边自我淘汰 / 104

学习的最终目的是更好地干 / 108

学习，会让你越来越"精业" / 113

不断学习，不断进步 / 116

竭尽全力，去靠近更优秀的人 / 120

## 第六章 善谋干：想要干出色，就要懂创新

拿出干劲儿，使劲折腾 / 126

创新力，就是你的竞争力 / 131

干得舒适，就离灭亡不远了 / 136

经验有时会束缚你的手脚 / 141

变着法子干，别做工作中的愚公 / 145

## 第七章 会共事：大家一起干，沟通最重要

谦卑让你赢得同事的信任 / 152

大胆干，主动与老板沟通 / 157

结论先行的"金字塔"原理 / 162

会干活，更要会说话 / 167

及时回复的人，干事都靠谱 / 172

## 第八章 团队干：善于合作，才能干出更大的成就

找对定位去干，成为不可或缺的一员 / 178

帮助他人，就是帮助自己 / 183

相互配合着干，才能实现1+1＞2 / 188

个人的发展离不开团队的成就 / 192

团队之间相处，千万别这样干 / 197

第一章
## CHAPTER 1

## 想干事：

### 记住，你是在为自己工作

## 将"努力干"视为人生信仰

人为什么要工作?这个问题很多人问了无数次,有人说:"是为了一日三餐有饭吃有酒喝。"也有人说:"是为了能够住上大房子,开上好车子。"还有人说:"是为了让下一代更加体面地生活。"

但是这些都不是标准答案。有的人,不缺吃不缺穿,有房子有车子,孩子从生下来的那一刻开始,就已经拥有了享受不完的财富,那这样的人就不需要工作了吗?事实上,越是这样的人,他越需要工作。

诺贝尔经济学奖得住布堪纳是一名十足的美式足球球迷,每年一月份的季后赛他从来不会缺席。一场球赛的时间差不多是60分钟，但是这中间还会穿插着犯规、换场、中场休息、教练叫停等诸多因素，使得一场球赛的时间被无形中延长了许久。

虽然热爱球赛，但是布堪纳仍然觉得花这么长时间坐在电视前看比赛，有些浪费时间了，这让他产生了深深的罪恶感。既然无法放弃看球赛，布堪纳决定找一点更有意义的事情来做一些。于是他从后院搬了两大桶核桃到客厅，一边看球赛一边砸核桃，同时忍不住思考：为什么长时间坐在电视前会有罪恶感？为什么自己会因为这么一小会儿时间没有工作，就会感到良心不安？

等到核桃砸完了，布堪纳终于悟出了其中的道理：那就是每个人都需要工作，工作不仅对自己有好处，也会给别人带去好处。如果一个人饱食终日，却成天无所事事，那么他在这个社会上没有任何价值可言。一个找不到自我价值的人，就无法体会到活着的意义。

工作并不仅仅是让我们果腹，并拥有更好的物质生活而已，更重要的是人能够从工作中实现自我价值。可以说，人从生下来的那一刻开始，就在寻找自我之价值感。小婴儿会通过学习到各种各样的本领，获得父母的称赞，以此来证明自我存在的价值；成长的道路上，我们会通过学习各种知识，增长各种能力，来证明自我价值；工作以后，通过在工作中得到的成就来实现自我价值……

总之，人的一生都会努力去寻求更能证明自我价值的事情去做，而工作就是实现自我价值的重要途径之一，所以那些成功的人，都将努力工作，视为人生的信仰。因为工作越努力，自我存在的价值感就越强。卡耐基说："热爱人类，拥抱人类是我的信仰。"巴顿将军说："我离不开战场，那里有信仰。"而每一个优秀的员工，都应该说："我的工作就是我的信仰。"只有我们将工作当作信仰，在遇到困难时，才会有坚持下去的动力。

贵州遵义有一个叫杨柳的小女孩，从7岁开始她的命运就与独竹漂紧紧地捆绑在了一起。

竹漂是遵义独有的民间绝技，表演者要脚踩一根直径大约15厘米，长约8米的楠竹，手持一根直径约5厘米，长约4米的小竹竿当"桨"左右交替划于水面，使自己"漂浮"在水面上。

仅仅做到这样已经十分不易，但是杨柳却可以穿着繁杂的服装，在水面上犹如惊鸿仙子般翩翩起舞。古人云："宝剑锋从磨砺出，梅花香自苦寒来。"杨柳在学习独竹漂的道路上，可谓是吃尽了苦头。

小时候，因为体质弱，奶奶便带着杨柳练习独竹漂的技艺，冬练三九夏练三伏，因为竹子的表面比较光滑，在水里面会转动，刚开始学习时，杨柳站都站不稳，经常会掉下水去。尤其是冬天的时候，河水冰凉刺骨，掉到水里十分难受，她还得自己游到岸边重新来过。

在杨柳的童年记忆里，充斥着她不停地掉下水，爬上竹竿，再掉下水的画面。在最难的时候，杨柳不是没有想过放弃，但是随即内心的使命感又占了上风，虽然学习独竹漂是无奈之下的选择，但是既然选择了，就应该坚持下去，这样才能对自己付出的努力有所交代。

就这样过了三年的时间，杨柳才终于掌握了在水里站稳的技巧。十五六岁时，杨柳已经能够熟练地站在竹子上保持平衡了，这时奶奶把她送到了专门的舞蹈学校学习舞蹈，但由于身材瘦小，杨柳一直没有得到上台表演的机会，只是在后台干着打杂的活计。

这时候，奶奶对杨柳说："你为什么不把舞蹈和独竹漂结合一下呢？"奶奶的话给了杨柳启示，她开始在竹子上练习舞蹈。既要在又窄又滑的竹子上保持平衡，还要想着如何将舞蹈动作表现得优美，这简直是难上加难。

然而，一遍跳不好，杨柳就练习十遍，十遍练不好就练百遍。在无数遍的练习下，杨柳终于成功地将芭蕾舞、民族舞、现代舞与独竹漂完美地结合在了一起。

一旦"努力干"成了我们的人生信仰，就会自动自发地在工作中发挥不怕苦不怕累的敬业精神，才能够排除生活中的种种引诱和干扰，朝着既定的目标勇敢前进。只有将工作视为自己的信仰，才能做到无论从事怎样的职业，无论这份职业是简单还是复杂，都会用心去对待。

对工作的信仰是敬业精神的源头,一名优秀的员工,只有敬畏自己的工作,信仰自己的工作,才会觉得自己的工作具有神圣感和使命感,才能真正理解工作的价值和生命的意义。

## 任何付出，都不是白干

张艺兴在《而立·24》一书里说过这样一句话，"努力是因为什么，是因为害怕，害怕不知道怎么面对未来，所以要多做准备。"正是因为有这样的觉悟，张艺兴才有了如今的成绩，成了那个越努力、越幸运的人。

而现实中，却有很多人在面对工作时吝啬于付出，因为有时候付出不一定立刻就能够得到回报，可能努力了很久，却依旧一无所获，从而陷入自我怀疑之中。尤其是当在工作中长时间不如意时，这种自我怀疑的感觉就会变得更加强烈。

难道没有回报，我们就要放弃努力吗？那些没有得到回报的人，实际上是努力还不够罢了。有一件发生在美国新闻圈的真实故事：

麦克相貌堂堂，口齿清晰，反应灵敏，他满足了电视记者所有应具备的条件。而他本人除了这些外在的条件外，工作上也十分努力，白天采访财经专线，晚上播报黄金档新闻。

如果非要找出麦克的不足之处，那恐怕就是他为人不够圆滑世故了，这导致他在工作中得罪了新闻部主管，主管不准麦克再播报黄金档的新闻，改为播报深夜十一点的直播新闻。

麦克心里明白这就是他得罪上司的"下场"，但是凭着自己对这份工作的热爱，麦克只能接受。同时他心里暗下决心，一定要努力让自己变得更好，好到主管再也无法随意打压他。

于是，每天下班后，麦克都会跑去进修，努力提高自己的业务水平，然后再在十点多赶回公司，做晚间新闻的播放工作。虽然在这个时间点看新闻的人已经不多了，但是麦克却丝毫没有松懈，他认真地看过每一篇新闻稿件，并仔细地理解每一篇新闻稿件。

在麦克的用心工作下，晚间新闻的收视率竟然提高了，这一成绩惊动了公司的总经理。总经理认为这样优秀的人才，不应该屈就播报晚间新闻，当即决定让麦克重回黄金档的新闻。就这样，麦克一个漂亮的"回马枪"，再次杀回了黄金档新闻，并很快成为全国最受欢迎的电视记者。

麦克的成绩让主管妒火中烧，想尽一切办法想要将麦克除掉，于是主管以麦克是学财经的，但是采访财经新闻容易出现弊端为由，将麦克调离了"财经部"。对于主管的刁难，麦克再一次选择了隐忍。

只是这一次，麦克之前所做的所有努力开始得到了回报。因为麦克在工作期间，不断提升自己的业务能力，已经在财经线上颇有名气，在财经部长参加晚宴的时候，麦克被指名作陪。

后来，几乎所有的财经界人物，都以被麦克采访过为荣，麦克不仅重新回到了"财经部"，还成了名副其实的财经界"名记者"。再后来，新闻部主管被调离，麦克成了新主管。

稻盛和夫说："一步一步，扎扎实实，毫不松懈地、朴实地付出努力。"哪怕是再弱小的人，通过这样纯粹的努力，也能自然而然地获得勇气和自信，并取得成功。因为在纯粹的努力背后，隐藏着一股伟大的力量，那就是你努力了，你就会变得优秀，一天比一天更优秀，即便最后你的努力没能得到你想要的回报，但是你会得到一个比以前更加优秀的自己。所以，没有努力是白费的，只要付出，就会有回报。只是这份回报，有时候早，有时候晚。

薇娅，直播界最红的女主播。

薇娅原名叫"黄薇"，跟其他女孩相比，薇娅也没有什么特殊之处，就是很普通的一个女孩。但是她又跟别人不一样，那就是她特别努力。

《人物》杂志曾经采访过薇娅，薇娅在采访中透露：一年

365天，她直播350天。过年的时候全公司都在放假，只有她在大年三十和初一当天，还在家里做直播，不卖任何东西，就是纯粹地给粉丝拜年，抽奖送礼物。

有时候下播时已经是凌晨时分了，但一结束她就会召开复盘会，寻找直播中的不足之处，优化直播流程，力求给粉丝们一个最美好的购物体验。有时候，一连几个小时的直播，会让薇娅近乎眩晕，即便这样，依靠氧气瓶的救急，也绝不轻易放弃直播。

我们只看到了薇娅作为带货女王光鲜亮丽的一面，却没有看到薇娅这一路走来，走到现在的位置，整整用了17年的时间。在薇娅成为带货女王之前，她已经整整付出了17年。

从批发市场一家6平方米的女装小店开始，再到淘宝店铺销售额3000万，薇娅用了12年。随后，直播行业发展得风生水起，薇娅便投入到了直播带货的行列中。从第一次直播，到成为如今的"一姐"，薇娅又用了5年时间。

在这5年里，每一天薇娅都是在马不停蹄中度过的，她几乎没有休息的时间，不过年不过节，错过了孩子的成长，唯一能够休息的日子，便是她生病，躺在床上下不了地的时候。

薇娅用了17年的付出，才能够取得今天的成就，那我们呢？

在这个世界上，除去个别的天才，那些大部分看起来天赋异禀取得成功的人，其实都是付出了常人所不能及的努力。

世界首富比尔·盖茨，他的成功也是因为恰好上了一所率先安装计算机的高中，才得以让他有机会在那个年代里，率先在计算机技术上累积了超越别人数千个小时的练习；天才音乐家莫扎特，平均练琴时间是同年龄段小孩的两倍多……每一个在我们看来能力卓然的成功人士背后，都有我们看不到的努力付出。

或许你的努力，短时间内还看不到回报，但是你想要得到回报，就必须要先付出努力。否则，你在工作中永远都无法前进。这世界上本就没有立竿见影的努力，但请相信，上天不会辜负每一个努力的人。你的付出在哪里，掌声就会出现在哪里！

## 心怀感恩去干，工作不会亏待你

许多知名企业招聘员工时，看重的不仅仅是他们的专业能力，更看重他们处理问题的方式和融入企业的态度，换言之，就是企业更看重的是一个员工在工作期间，是否能够怀着一颗感恩的心踏实做人、做事。

吉百利大中国区人力资源总监曹渊勇在经历了无数次人才招聘后，总结出了这样一个现象：很多还处在实习期的毕业生，还没有开始干活，就开始跟老板谈条件。或者刚刚有了一点小小的成绩，就开始跟上司讨价还价。

在曹渊勇看来，对于一个职场新人而言，这样做是绝对不合时宜的。不管是初入职场的新人，还是已经工作了多年的职场老手，在面对成就时，首先应该感谢的是公司对自己的培养。

因为每一份工作对个人而言，都是宝贵的经验和资源。哪怕是在工作中的失败、同事之间的竞争，以及老板的苛刻，都是一个人走向成功时必须体验的感受和必须经历的锻造。一名普通的程序员史蒂文斯，就是靠着这样感恩的心态，敲开了美国微软公司的大门。

史蒂文斯在一家软件公司工作了八年，在工作中如鱼得水，得心应手。可就在这个时候，公司倒闭了，失业的他迎来了自己的第三个孩子，面对沉重的生活压力，立刻找到新工作成了史蒂文斯最主要的任务。

这时，微软公司正在进行招聘，并且待遇十分好。史蒂文斯在应聘的过程当中，凭着自己过硬的专业知识，轻轻松松就过了笔试关。到面试的时候，考官问了史蒂文斯："你认为软件未来的发展方向是什么？"

一向只知道兢兢业业工作的史蒂文斯，从来没有思考过这样有深度的问题。结果很不幸，史蒂文斯被淘汰了。虽然史蒂文斯感到十分沮丧，但同时他的世界似乎打开了一个新的出口，他惊讶于微软公司对于软件产业的理解，这让他感到耳目一新，十分受教。

于是史蒂文斯给微软公司写了一封感谢信，信中他感谢微软为他提供了面试机会，这次机会让他增长了许多见识，并在文末感谢了公司为此付出的劳动。在应聘失败后破口大骂的人大有人在，但是写感谢信的人，史蒂文斯还是头一个。

很快，这封感谢信就被传到了微软总裁的手中。就这样，原本已经应聘失败的史蒂文斯进入了微软公司，十几年后，他凭着自己出色的业绩升任为微软的副总裁。

在这个世界上，恐怕没有哪一份工作能够满足我们的所有期待，但是我们仍旧应该去感谢工作为我们提供的环境，感谢老板为我们提供的每一次机会，感谢同事给予我们的帮助。

石油大王洛克菲勒在写给儿子的一封信中，这样说道："现在，每当我想起我曾经供职的公司，想起我当年的老板休伊特和塔特尔两位先生，内心就涌起感激之情，那段工作经历是我一生奋斗的开端，为我打下了成功的基础，我对那三年半的经历永远感激不已。"

洛克菲勒在信中这样对儿子说，其用心可见一斑。同样也有一位父亲，在儿子即将参加工作时，对儿子说了类似的话语，他说："如果你有幸遇到一位好领导，请忠心为他工作；如果第一份工作就有好薪水，那算你运气好，要努力工作以报恩惜福；万一薪资不是很理想，工作进展也不顺利，也要懂得在工作中磨炼自己的技艺。"

不管是洛克菲勒，还是这位不知名的却爱子情深的父亲，面对工作，他们都拥有一颗感恩的心，并试图让孩子传承这份心意。

一家公司的蓬勃发展，离不开每一位员工的付出；同样，每一位员工的发展，也离不开公司提供的平台。想想我们刚刚步入公司的时候，只是一名没有任何经验的普通员工，正是因为公司为我们提供了源源不断的机会，上司给予了我们谆谆教诲，同事给予了我们理解和帮助，我们才能有机会去学习和提升自我，才能够在职场中一步一步向更高的位置走去。

所谓"滴水之恩，当涌泉相报"，工作中我们所得到的"恩惠"，并不是纯粹的商业交换关系。是工作让我们有了一份能够维持生活的收入，让我们能够保持一份人前的体面，让我们拥有一份忙碌起来时无暇顾及其他的充实感，还能够给我们一份勇敢生活下去的自信心。最重要的是，因为工作，我们才有机会在社会上实现自我价值，让自己成为更好的那个人。

感恩我们所拥有的工作，因为一个人的大半生都在工作中度过。当你抱着一颗感恩的心去工作时，相信你工作时的心情是快乐并且积极的。

## 干得积极的人,才是真正聪明的人

从步入职场的那一刻起,每个人就走上了不同的职业轨迹。有的人,能够在短短几年内就成为公司里的核心员工,受到重用;而有的人,工作了大半辈子,仍旧是碌碌无为;还有的人,认为自己能力出众,却得不到赏识,故而满腹牢骚……

我们都希望自己能够干出名堂,闯出一片天地,但是天赋异禀的人毕竟是少数,大多数人都是平凡之辈,那么我们靠什么来改变自己的职业轨迹呢?那就是"态度"二字。人们常常说"态度决定一切",换言之,就是"你的工作态度决定着你的工作成绩"。

按照态度来划分职场中的人,大致可以分为三种:

第一种——消极怠工，满腹牢骚的人。

他们认为自己才华甚高，但是却迟迟得不到重用，故而悲观失望，将一切不如意都归咎到他人和环境上，时常满腹牢骚，消极怠工。他们还擅长自我设限，将自己的潜能封印起来，不管遇到什么问题，什么工作，第一反应就是——"我做不了"。

因而，他们整天沉浸在负面情绪之中，完全感受不到工作的乐趣。

如果不幸，这种人遇到公司发展遭遇危机的情况，那么他们会是被裁员的第一人选。

第二种——毫无斗志，得过且过的人。

在职场中毫无斗志，得过且过的人从来都是按时上下班，按部就班地做完自己的分内之事，从来不会主动去做分外之事。在他们的眼里，公司不是自己的，挣了钱也不会进入自己的口袋，所以他们不会为了公司拼命地工作。

当别人升迁时，他们还会进行自我安慰："大多数人都是像我这样。"

这种人无论在职场上混多久，他们都会始终做着相同的工作，当公司的人事考虑到升职加薪的时候，他们永远是不会被考虑的那一个。

第三种——积极主动，甘于奉献的人。

英国诗人赫巴德曾经说过："什么叫主动？就是不经吩咐，而去做正确的事。"第三种人是与前两种人截然不同的人，在公司里，随时可以看见他们忙碌的身影，不管出现什么问题，他们都第一时间出现在现场，只要公司有需要，他们就会不遗余力地奉献自己的一份力量。我们可以说他们是为了公司付出，但事实上，他们却是为了自己在奋斗。

2021年的春晚，开场的第一个语言类节目就是岳云鹏和孙越的相声《年三十的歌》，第二天，岳云鹏在节目里唱的那首《最亲的人》就登上了各大音乐网站的榜单。

岳云鹏，现在已经成了一个家喻户晓的名字，上至八十岁的老人，下至七八岁的孩子，没有人不知道他。2014年，岳云鹏第一次登上了春晚的舞台，给观众留下了深刻的印象，从那以后，便开始有越来越多的人注意到这个长得不帅，身材胖胖，却十分有个人表演风格的相声演员。

岳云鹏的成功，完美地演绎了什么叫作"台上十分钟，台下十年功"，或者对于岳云鹏来说，他所付出的，远远超过了十年功。

在进入德云社之前，岳云鹏做过很多工作，尽管他吃苦耐劳，但是初中文凭还是让他在这个社会中处处碰壁。后来，岳云鹏进入了德云社，在德云社中他依旧是一个不起眼的角色，别人在练功，他在打杂；别人在演出，他仍旧在打杂。

在德云社一众才能出众的演员中，岳云鹏的确不是那个资质上佳的，但他绝对是那个最积极、最努力的人。没有演出的时候，他就利用扫地打杂之后的时间，用心地排练每一个段子，每天训练自己15个小时以上。有演出的时候，他就默默坐在剧场的最后一排，观摩师兄弟们的表演，一遍又一遍地琢磨，笨拙又坚韧地学习着说相声的技巧。

　　岳云鹏的付出，师父郭德纲都看在了眼里。在再一次需要从青年的演员中挑选培养的对象时，郭德纲力排众议，选中了岳云鹏。因为郭德纲知道，表演相声固然需要天分，但是更需要岳云鹏这种积极进取、甘愿为事业奉献自我的精神，有了这种精神，任何事情都做得成。

在公司里，员工之间存在着很多竞争，竞争智慧，竞争能力，竞争人脉，同时也在竞争着态度。而一个人的态度，直接决定了他的行为。对待工作是否具有积极主动的态度，决定了他对待工作时，是尽心尽力，还是敷衍了事。

　　尽心尽力看似是为了公司，但实则是为了自己，态度越积极，决心就越大，对工作投入的心血就越多，从而，从工作获得的回报也就更多更大。相反，敷衍了事看似是敷衍了工作，实际上却是断送了自己的前程。越是消极对待工作，就越是无法从工作中看到突破自我的机会，也越是无法从工作中实现自我价值，渐渐便成了公司的弃子。

　　然而，不得不说的是，始终保持积极主动的工作态度，并不是一件容易的事情。在工作中难免有不如意，也难免会遇到挫折与困难，这个时候，心理再强大的人也会感到悲观丧气，甚至心生抱怨。但是不要紧，困难和挫折总是一时的，只要坚持过去，就是更广阔的天地，只要坚持拥有积极主动的心态，时间久了，这种工作态度就会成为你生命中的一部分。

我们不能说，拥有了积极主动的态度，就一定会取得成功，但不得不说的是，那些成功了的人，都具备着这种对事对物积极主动的态度。

# 干一行，爱一行，精一行

你热爱自己的工作吗？

如果这样去问一个职场人士，那得到的答案百分之八十是否定的，大部分人都不爱自己的工作。更准确地说，是大部分人都不知道自己喜欢的工作到底是什么。

加拿大心理学家罗伯特·瓦勒朗，对539名加拿大大学生问卷调查后，也产生了这样的结论："在确认出来的所有激情中，只有不到4%与工作或教育有关，其他96%都是某种爱好或兴趣，比如运动和艺术。"

也就是说，大部分人都做着与自己兴趣爱好毫无关系的工作，没有了兴趣爱好在中间做桥梁，人和工作之间就缺少爱的纽带。

没有人愿意去从事一份自己毫不热爱的工作，大部分人在找工作之初，都抱着这样的想法——"我要找一份自己喜欢的工作。"然而，在职场上兜兜转转了一大圈后，发现要找一份自己喜欢的工作，那难度不亚于登天。你觉得只坐在办公室里喝茶看报纸的工作好，那就得忍受它的枯燥和无味；你觉得整日在外看着不同风景的工作好，那就要忍受旅途的奔波和劳累。

任何一个你所喜欢和向往的工作，其实远不如它看起来那般轻松与美好。而这些，往往都要等到真正参与其中才能够感受到。于是曾经的喜欢，便变成了厌弃。

还有一些情况，人们是在志存高远的名义下，把目标定在了自己力所不及的位置上，一山望着一山高，总认为自己下一份工作一定就是自己最喜欢的工作。可真正工作了以后，才发觉这份工作还不如自己的上一份工作好。

于是，不断地换工作便成了一种常态，在一次又一次失败的尝试下，错过了一次又一次宝贵的机会。事实上，大部分人在步入职场之初，都在从事着一份自己并不钟爱的工作。

乔布斯曾经在斯坦福大学的演讲中，一本正经地告诉大学生们："你们要去做自己热爱的事情。"

大学生们纷纷信以为真，众所周知，乔布斯就在从事着自己热爱的事情，热爱到几近痴狂的地步。但是回看乔布斯的履历后，会发现年轻时的乔布斯对商业和电子都未表现出极大的兴趣，反而对西方历史和东方宗教有着极大兴趣。

为了探索这些精神世界，乔布斯甚至专门跑到了印度，像个僧人一般修行。后来，乔布斯创立了苹果公司，倒不是因为他有多热爱电子这个行业，而是他要解决生存问题，而恰巧他手中握着的都是电子方面的资源。

而想要让苹果公司生存下去，就要付出足够多的心血，投入足够多的精力。乔布斯付出得越多，他对这份事业的感情也就越深厚。

有时候，热爱只会在结果时显现出来，起初它并不是促使你努力下去的起点。很多人都不是因为热爱而去做了某种工作，但是却在不断地付出之中，逐渐对工作产生了热爱之情。在很多情况下，客观环境的改变是缓慢的。一个明智而成熟的人，不会天真到要环境来适应自己，只会不断调整自己的心态，提高自己的能力去适应环境。

所以，一旦你在职场中做出了选择，首先就要拿出"干一行，爱一行"的敬业精神来。其实，爱上自己的工作，也并非什么难事。

一项科学权威理论——自我决定理论中提出：三个因素能够真正推动人们持续从事一份职业，它们分别是——

自主；

胜任；

归属。

自主，就是你在工作中，认为自己的作为是最重要的，感觉自己是工作中不可或缺的一员。

胜任，就是现在的工作在你所擅长的领域里，你能够在此淋漓尽致地发挥你的特长与才干。

归属，则是你在工作中与领导、同事之间所建立起来的深厚感情。

这三个因素都能够让你对目前所从事的工作产生热爱之情，但其中最重要的因素是"胜任"，也就是说，一个人只有能够在工作中发挥自己的所长，才能够激发出自身对工作的无限热爱。

但是"胜任"二字做起来远远不如看起来那样简单，要胜任一项工作，意味着你精通这项工作，意味着你在这项工作中能够做得更好。

> 中央电视台曾经报道过一名邮递员——次仁桑珠。次仁桑珠所服务的地区是牧区，因为面积广大，且牧民们的居住十分松散，次仁桑珠每天要在高原牧场上骑自行车行走上百里路为牧民投递邮件。
>
> 面对如此艰苦的工作条件，次仁桑珠从未有过任何怨言，在他看来，这既然是自己的工作，那就要努力将这份工作做到最好。因此，次仁桑珠不但能够在规定的时间内将信件送达，还会为那些不识字的藏族牧民读信、写信。在牧民们看来，次仁桑珠不仅仅是一个邮差，他还是传递亲情的信使。
>
> 因此，次仁桑珠十分受牧民们的爱戴，对待他就像是对待自己的亲人一样。对于次仁桑珠也是一样，因为牧民们的喜爱

与信任，他更加体会到了这份工作的神圣之处。

如果我们能够在自己的工作中做得更好，那么你不仅会因为表现出色而产生成就感，而且这份成就感还会鼓励你去掌握更多的工作技能，而当你在工作中掌握了更多的技能后，你对这份工作的热爱也会更加的深厚。

正如《福布斯》杂志的创始人福布斯所说："做一个一流的卡车司机比做一个不入流的经理更为光荣，更有满足感。"

因此，如果此时的你正在为"现在的工作是不是不适合我"而感到焦虑时，请你先将焦虑的心情放到一边，然后尝试着去做好你现在的工作，将工作中的每一件事都力求做到最好，过一段时间后，你或许会发现，这份工作已经在不知不觉中变成了你所热爱的工作。

想要找到自己热爱的工作，那么就从做好工作中的每一件事情开始，让自己成为工作中最优秀的那个人，那么任何工作都能够变成你所热爱的工作。

第二章
CHAPTER 2

# 敢担事：

## 勇于承担工作的责任

# 永远别说"干得差不多了"

企业的管理者通过什么来判断员工的价值呢?

不是有没有迟到早退,也不是有没有按时按量将工作完成,而是实际的工作绩效。不迟到不早退,是每一名员工应遵守的职业准则;按时按量将工作完成,是每一位员工的职责所在;只有工作绩效越高,才越能证明付出的努力越多,所以在职场中,永远没有"干得差不多了"一说,只有"还可以干得更好"。

职场上,有些人原本具备很出色的能力,却因为不具备全力以赴的工作精神,导致自己逐渐变得平庸下去。而有一些人,起初在工作中表现并不出色,但是因为具备全力以赴的工作精神,想尽一切办法将工作完成得更好,所以在工作中表现得越来越好,最终取得傲人的成绩。在这方面，以严谨、认真而闻名于世的德国人，可以说是一部尽心尽力地履行职责的活教材。

曾经有一位地产大亨跟德国的一家房地产公司合作，当时从总部来的工程师，为了拍一张合作场地项目的全景，爬上附近最高的一座山，把场地项目周围的景观全部拍了进去。

在场的很多人都觉得这个工程师有些多此一举了，因为本来在楼上就可以拍到全景，而他宁可徒步走上好几公里去拍这个全景。事后，地产大亨问这位工程师："为什么一定要这样做呢？"

工程师回答说："回去在开董事会的时候，我要能详细、客观地介绍合作项目的真实情况，不然就是我的失职。"

地产大亨不解，继续问道："你在楼上拍也一样可以很好地完成这项工作，不是吗？"

工程师摇了摇头说："站在楼上确实可以拍到全景，但是却拍不到周围的情况。我要做的任何事情，绝对不让别人操心。任何事情，做到100%才能算是合格，99%也不能算合格。"

地产大亨听闻此言，深深地被这位德国工程师的尽职尽责所折服。

德国人凡事讲究精益求精的精神，从他们的产品中也可以看出来。大街上随处可见的奔驰和宝马汽车，无论是儒雅、大方的外观，还是性能优良的发动机，都达到了近乎完美的地步。正是因为这种严谨、认真的态度，德国才能成了全世界"品质"的代名词，打造出了"德国造"良好的口碑。

不管做什么事，只要全力以赴地做到最好，那成功就是迟早的事。据最近的财经报道称：拼多多年度活跃买家为7.884亿，超越阿里巴巴、亚马逊等电商，成了全球用户规模最大的电商平台。也就是说，在过去的12个月里，用户至少在平台购买了一单商品。

拼多多能够在电商林立的市场环境中脱颖而出，靠的就是将一件事做到了极致，即：完成了从搜索到浏览的转变。举例说明，用户从淘宝搜索"牛排"，会出现各种品牌不同价格的牛排；但从拼多多搜索牛排，除了会出现各种品牌不同价格的牛排外，还会出现牛肉丸子、意大利面等相关食品。

打开拼多多，用户更像是在线上数字平台上逛商场，很多用户并没有明确大的购买目标，但转了一圈下来后，至少会买上一两件并不在购买计划内的商品。

这看似是一个很微小的转变，但是要实现这一转变，却需要在技术上投入大量的精力，只有一次又一次的改进，才能让用户拥有最完美的用户体验。

不管是企业也好，还是个人也好，都应该明白一个道理：一件事情的意义绝不只是事情本身，它往往能决定你日后在面对更大事业时的成败。很多成功人士，也正是抓住了这一精髓，能够全力以赴地将一件事做到极致，最终才走上了成功之路。

伏尔泰是18世纪法国著名的文学家，他创作的悲剧《查伊尔》公演后，得到了业界十分高的评价，也博得了广大观众的喜爱。

然而这样一部成功之作，它的问世之路却走得不怎么顺利。最初，伏尔泰对这部剧多有不满之处，他认为剧中对人物的刻画和对故事情节的描写存在很多不足之处。因此，他对剧本进行了一次又一次地修改，剧本也在伏尔泰的精心修改之下越来越好。但是这却招致了演员们的不满意，因为伏尔泰每修改一次，演员们就要重新排演一次。况且，在演员们看来，剧本已经可以了，没有必要再改了。

可是伏尔泰却不这么想，伏尔泰认为，一部作品一定要达到最好的状态才能与观众见面。因此，在伏尔泰再一次对剧本进行修改后，主演杜孚林直接罢演了，他气得不愿意再跟伏尔泰见面，也不愿意接受伏尔泰重修修改后的剧本。伏尔泰只好将自己改好的剧本塞进杜孚林的信箱里，但是杜孚林还是不愿意看。

怎么才能让主演看到剧本并且继续参演呢？就在伏尔泰一筹莫展之际，伏尔泰听说杜孚林要举办一场盛大的宴会。于是伏尔泰立刻去买了一个大馅饼和十二只山鹑，然后请人送到了杜孚林的宴会上。

杜孚林十分喜欢吃山鹑，见到后立刻就拿刀切开准备吃，然而切开后，杜孚林才发现每只山鹑的嘴里都塞着一团纸，打开一看，原来是伏尔泰修改完的剧本。对伏尔泰这一行为，杜孚林感到哭笑不得，他问伏尔泰："有必要这样做吗？"

伏尔泰回答说："当然有必要了，要是不做到最好，我的饭碗就要砸了。"

最终杜孚林被伏尔泰所感动，继续出演了《查伊尔》，造就了一部经典之作。

可以说，《查伊尔》最终能够成功，与伏尔泰这种一丝不苟全力以赴的敬业精神不无关系。在面对一项工作时，很多人都说自己会尽力而为，但一名优秀的员工，不是只有尽力而为就可以了，而是要全力以赴。做任何事情，要想做得出色，就应该要做得比预期得好一点，每一件工作都要竭尽所能地做得更好一点点。只有全力以赴地去做事，对工作认真负责的人，才能成为最后的赢家。

## 多干的一点，将成为你的砝码

工作中，有的人会这样想：我拿多少钱就干多少事，若是干多了，就等于吃亏了。站在"等量交换"的角度来看，确实是这样。但是工作不是等量交换，而是"一分耕耘一分收获"，你付出得多，或许不会得到同等数量的薪水，但你却在这个过程中积累了相关的经验，而这些经验要比金钱宝贵得多。

著名的投资专家约翰·坦普尔顿通过大量的观察研究，得出了一条很重要的原理——"多一盎司定律"，他指出取得突出成就的人与取得中等成就的人几乎做了同样多的工作，他们所付出的努力差别很小——只是"多一盎司"，但最后却产生了天壤之别。

有一个女大学生，毕业后入职了一家广告公司，日常负责安排接待、接打电话这些工作，薪水很低，事情很烦琐。但是从乡下来的她却格外珍惜这份工作，每当电话铃声响起时，她都会用最爽朗亲切的声音向对方问好，然后用心记下对方的声音，只要这个声音出现第二次，她就能够立刻分辨出对方是谁。

就这样，她只用了短短三个月，就记住了公司所有的客户，并且能够将客户交代的事情，准确无误地传达给相关的业务人员。一年以后，公司财务部空出了一个财务助理的职位，主管马上推荐了她。到了新的工作岗位，她依旧全力以赴地去做好每一件事情，遇到不懂的事情，她要么请教他人，要么抽空自学，总之她从来不允许任何一项工作在她手上被马马虎虎地完成。

有人说，她不过就是一个临时的雇员，用不着这么拼命。但是她却认为，只有努力将一项工作做到最好，才有可能得到下一份工作，她不可能永远都是临时的雇员。

事实也的确如此，她很快就从临时雇员变成了公司的主管。成为主管后，她接到的第一单广告，客户就是业内出了名的挑剔，一般提案都要审上三四次才能通过，同事前辈们都让她不必太在意，平常心去对待就好。

但她为了得到客户的肯定，她在公司内到处"取经"，掌握了这个客户曾经提出过的所有意见，然后每天提早一个小时进公司，晚上最后一个离开，准备出了四套方案，分别应对客户的不同要求。结果就是，她首次出马，就让提案一次性通过，在公司内引起了轰动。

她就是台湾的"广告教母"——余湘，是当时广告界最年轻的女总经理之一，后来一手打造出了傲视台湾广告业的产业。

与其他人相比，余湘只是在接电话时多用了一点心思，在做方案时多做了几套而已，只是多干了一些，她就实现了从职场菜鸟到凤凰展翅的转变。可见，无论做什么工作，只要你多干那么一点儿，你的工作效果就能大不一样。

那些能够保质保量完成工作的人，自然是一名好员工，但如果能够在完成工作的基础上再多干一点，你就能够成为公司里最优秀的员工。很多人认为，每天按时按量保质地完成自己的工作就已经很累了，再多干一些，那也太难了。

事实上，当你已经付出了99%的努力时，就已经完成了大部分的工作，剩下的1%又有何难呢？只是需要你多一点点责任心，再多一点点决心，多一点点敬业精神罢了。

闫玲大学毕业后进入了一家文化公司工作，虽然只是一名小小的职员，但是不管是分内的工作，还是分外的工作，她都处处严格要求自己。

每天早晨，闫玲都第一个来到公司，将自己的工位打扫干净，闫玲认为这样做能够让她更快地进入到工作的状态中。每天晚上，闫玲都最后一个离开公司，并不是她工作效率低，而是她在处理好手头的工作后，还会看看有什么工作是她力所能及的，因为在闫玲看来，她的未来就藏在这些点点滴滴的工作当中，虽然她也不知道她的命运会在哪一刻出现翻转，但是她知道多做一些总比少做一些好。

有一天，天已经很晚了，老板处理完当天的事务准备离开时，发现闫玲的工位还亮着灯，在好奇心的驱使下，老板来到了闫玲身旁，看到闫玲正在整理最近客户的投诉意见，而她不仅仅只是整理而已，还将每条投诉意见分门别类，然后还在旁边标注上了自己的见解和意见。而这些并不在闫玲的工作范围内，作为一名刚入职不久的员工，闫玲需要做的仅仅是将当日的邮件进行整理，发给她的上级领导就可以了。

"这是你的上司要求你做的吗？"老板忽然发问道。

"不是的，是我在整理这些邮件的时候，产生了一些想法，所以就进行了标注，希望能够对我的上司有所帮助。"闫玲实话实说道。

后来，老板又特意留意了几回，发现闫玲不仅仅是只做了文件标注这些工作，她在复印好文件后，会检查一下复印机里还有没有纸，如果所剩的纸量不多，她会主动添加好；每天下班后，如果她是最后一个离开公司，她一定会在办公室里转一圈，如果发现谁的电脑没有关闭，或是谁的工位还亮着灯，她都会顺手关掉。

面对这样的员工，老板觉得自己没有理由还让她当一名小小的职员，于是很快就将闫玲升职为自己的助理。当然，在新的工作岗位上，闫玲也没有让老板失望。

多干一点点，这个看似朴实的想法，却可以给我们带来巨大的回报。每天多干一点，就会与那些"今天到此结束"的人拉开差距。事实上，当我们说多干10分钟时，常常不会只干10分钟就结束，而是会坚持再干20、30分钟；说多跑一家客户时，说不准会顺便再多跑一家。

"不积跬步无以至千里，不积小流无以成江河"，像这样一天一点积累下去，将来必然会展现出绝对的竞争优势。其实，成功的秘诀并不复杂，只是需要我们在工作中多干一点儿，不管是接听一个电话，还是整理一份报表，只要我们"多加一盎司"，就可以把工作做得很完美，并且获得数倍于一盎司的回报。

## 干彻底，别将工作留给别人

孔夫子说："在其位，谋其政。"一个人要懂得扮演好自己的角色，在家里扮演好家庭角色，在社会上扮演好社会角色，在职场上扮演好职场角，这样才能成为一个称职的人。但是在现实生活中，有很多人却做不到这一点，常常是"在其位，却不谋其政"。

这样的人，在工作中无法做到尽心尽力，不但不能给公司创造价值，还会留下一大堆问题。他们的想法是："我能做到什么程度就做到什么程度，反正公司是老板的，他不可能不管。我做不好，他自然会来替我做。"更有甚者，有的员工在接受任务时，就抱着拒绝的态度，说："我做不了。"

而一个员工能否将自己的工作完成，是每一个老板对于员工的最低要求。因为没有一个老板愿意自己安排的任务被人当作皮球踢回来。你不能做事，老板请你来干什么呢？

说起沃尔玛，每个人都不陌生，但说到凯玛特，很多人则不太熟悉，没人能够想到现在已经"查无此人"的凯玛特，曾经和沃尔玛一样，都是美国乃至世界的商界巨头，都有过位居世界零售业榜首的业绩。

然而从1999年开始，凯玛特的经营状况开始恶化，2002年1月22日，凯玛特正式申请破产保护。凯玛特的失败纵然与管理和规划有着千丝万缕的关系，但是公司内部流行的"把问题留给领导"的企业文化却有着不可推卸的责任。

有一个故事在凯玛特流传甚广。

在1990年的凯玛特总结会上，一位高级经理认为自己犯下了一个错误，便向坐在身边的上司请示该如何更正。上司听了高级经理的叙述，也不知道该如何是好，于是便向自己的上级请示该怎么办。

可是上司的上司也不知道该怎么办，就这样，一路向上寻求答案，一直到了总经理帕金那里。帕金以为是多么的严重的问题，结果没想到仅仅是一个小小的问题。后来每当回忆起这件事情来，帕金都会觉得十分可笑，面对那样一个小小的问题，所有人宁愿一直推到最高领导那里，也没有人愿意主动思考解决问题的方法。

对于老板分配下来的任务，如果你不敢担责任，总想着把问题留给老板处理，最终吃亏的肯定是你自己。不要一方面希望自己的工作轻松简单，一方面又希望老板付给自己高薪，这样天上掉馅饼的事情，从来不会发生在职场中。在职场中，只有付出才会有收获，要想获得高工资，就必须拿出与之匹配的业绩。

一名员工若是想让老板觉得你能力不错，并对你委以重任，你就必须将自己的能力展现出来，能够完成别人完成不了的任务，能够让问题得到迅速的解决，不会将问题积压很久，也不会将问题推到他人身上。

因为在公司里每个人都有自己的职位，也都有在这个职位上应该去做的事情。老板有老板的职责，管理层有管理层的职责，员工有员工的职责，所以没有人有时间和精力去帮你处理问题。

作为员工最基本的素质，就是保质保量地完成自己分内的工作，在其位谋其政，有了问题，主动寻求问题的解决方法。对于这种能够独立完成工作，不给他人增添负担的员工，老板自然愿意重用和提拔。

所以，不要幻想逃避你的工作，更不要渴望依赖他人去完成你的工作。对于自己能够判断，而又是本职范围内的事情，要大胆地去拿主意，让问题在自己这儿解决。解决了问题，你才能迎来新的契机。当周围的人们都喜欢找你解决问题时，你无形中就建立起了善于解决问题的好名声，取得了胜人一筹的竞争优势。纵观那些在职场中的成功人士，几乎没有谁愿意把自己的工作推给别人去做，因为他们知道不懈怠自己的工作和职责，才能在平凡的岗位上做出不平凡的事情来。

比尔·盖茨上四年级的时候，因为聪颖好学，被推荐到学校的图书馆给图书管理员帮忙。上班的第一天，图书管理员给他讲了图书分类的方法，然后让他把已经归还却放错了位置的图书放回原处。

比尔·盖茨觉得这项工作就像是做侦探一样有趣，立刻在各个书架中来回穿梭起来。不一会儿，就找出了三本放错位置的图书，并将它们放回到了原处。第二天，比尔·盖茨早早地就到了图书馆，比前一天更卖力地干活，一天的工作结束后，比尔·盖茨成为正式的图书管理员。

工作了两个星期后，比尔·盖茨要搬家了，所以他不得不转学，这时他最担心的事情，是一旦他离开了，那些被放错了地方的书籍由谁来管呢？结果没过多久，已经转学走了的比尔·盖茨又回来了，因为新学校不让学生担任图书管理员，而他心里惦记着图书管理员的工作，所以宁可每天绕远来上学。

比尔·盖茨才上四年级，就已经具备了对工作的责任感，这就难怪他能够在信息时代叱咤风云了。在其位谋其政，这是一个人拥有责任心的最好表现。

老板聘用一个员工，并给予他与这个职位相应的权力，目的是让他完成与这个职位相应的工作，而不是让他在这个职位上休养生息。如果你不尽力，每每让老板被迫来解决你工作中的问题时，那么，你离被辞退的日子就不远了。

在职场中，没有人会要求你一定要成为某个领域的专家，也没有人要求你精通一切，只是要求你能够在自己的位置上付出你全部的智力和智慧，并将你自己的工作完成得彻底漂亮。

想要成为一名优秀的员工，就要做到不管是接受任务时，还是在完成任务的过程中，都应该坚定地认为：自己的工作要自己完成！自己的问题要自己解决！

## 真正的干将，勇于承担责任

在完成工作的过程当中，经常会发生一些令人意想不到的事情。但是在这个世界上，没有不需承担责任的工作。在多数情况下，对一些较容易解决的事情，人们乐意负责；而一旦遇到有难度的事情就没有勇气承担，这种思维常常是导致工作失败的原因。

一个人无论从事什么样的职业，都应该尽心尽力地去履行其职责。因为这意味着一个人的担当，担当越大的人，成事的概率也就越大。

在松下幸之助的一生中，发生过很多让他难忘的事情，其中有一件发生在别人身上的事，让他深受感动。

那是跟松下幸之助有合作关系的客户，原本他的生意做得很不错，但是经历过第二次世界大战后，日本全国陷入了经济大动荡中，这个人的业务也受到了严重的影响，公司难以再支撑下去。

面对高昂的债务，他不得不把家中值钱的东西都拿出来抵债。但是一般的生意人，在面对这种情况时，总是会选择性地留下一些傍身的财物，让今后的生活不至于太落魄。可是他却将所有身家都拿了出来，连一枚戒指都没有留下。

最后，银行都看不下了，对他进行再三劝阻，他才勉强留下了一些私产和维持生计的财物。多年后，他凭着自己的努力，东山再起，重新创业成功。

对这种负责到底的精神，令松下幸之助感到自愧不如，对他的敬佩之情油然而生。此人的事迹，让松下幸之助明白了一个道理：经营者如不能负责到底，就不能真正做好经营。

同样的道理适用于每一个职场人士，要想成为一名优秀的员工，首先要勇于承担责任。不是为了某种目的，不是只在事前接受任务、承担责任，而是应在进行中负责，在出了问题的时候更要勇于承担责任。遇事时不会退缩不前，逢难时必能很快决断。

我国有句俗语"出头的椽子先烂"，其意是在劝人莫出头，在某种场合或情况下，这或许是聪明者的表现，但天下至理仍然是"几分耕耘，几分收获"。

哈里·杜鲁门担任美国总统时，他的办公室门口挂着一块牌子，上面写着:"责任就在这里。"意思是说,进了这扇门,他就担起作为一名总统的责任。一个人职位越高、权力越大,他所肩负的责任就越重。

作为一名优秀的员工,不仅要敢于承担小的责任,而且更要懂得在重大、紧急的情况下,不推卸责任,不死板执行,而是运用自己的智慧,做出正确的判断,避免损失甚至是灾难的发生。

陈强大学毕业后,进入了一家钢铁公司工作。工作没多久,陈强就发现公司里用来炼铁的矿石并没有得到完全充分的冶炼,许多使用过的矿石中还残留着没有冶炼好的铁。

这对公司而言,会造成原材料的浪费,公司在经济上也会蒙受很大的损失,但无论如何也不会把责任算在陈强头上。可是作为公司的一分子,陈强觉得自己不能坐视不管。于是他找到了负责这项工作的工人,跟其说明了情况,工人却说:"这属于技术问题,是工程师的责任。现在没有工程师跟我说过这个问题,就说明并不存在这样的问题。"

陈强只好去找负责这项技术的工程师,工程师对陈强的质疑感到不满,说道:"我们现在用的是最先进的技术,怎么可能出现这样的问题呢?"在工程师眼里,陈强就一个初出茅庐的大学生,什么也不懂,只是想借这件事取得别人的关注罢了。

接连的碰壁也没能让陈强放弃心中的想法,于是他拿着没有冶炼好的矿石找到了公司里负责技术研究的总工程师，然后将矿石交到了总工程师手中，说道："您看这块矿石，是不是没有完全冶炼好呢？"

总工程师只看了一眼，就说道："你说得没错，你是从哪里弄到这块矿石的呢？"

陈强回答说："就是我们公司的。"

对此，总工程师感到十分诧异，总工程师同样认为公司采用的是最先进的冶炼技术，不可能出现这样的问题，同时他感到更加疑惑的是，既然出现了这样的问题，为什么从来没有人向他反映过？

带着这样的疑问，总工程师带着所有负责技术的工程师来到车间里，经过一番检查，发现是设备上一个零件出现了问题，这才导致了冶炼的不充分。而大家都没有向总工程师汇报这件事情，都觉得这不是自己的责任，本着"多一事不如少一事"的自私心理，选择了视而不见。

事后，陈强被晋升为负责技术监督的工程师，成了这个公司有史以来升职最快的职场新人。

对于一家公司来说，可能并不缺少能力卓然的人，但是既能力卓然又认真负责的人却不多见，尤其是愿意"多管闲事"的人，更不多见。在工作中，只有不惧怕承担责任风险的员工，才能在遇到问题时主动去解决，并始终在工作中保持冷静的头脑，凭自己的经验和分析迅速做出正确的决定,并当机立断地实行。

因此,想要成为优秀的员工,想要得到公司的重用,你就不要害怕承担责任,要下定决心去承担职业生涯中更多的责任,面对问题时,主动承担解决问题的责任;面对失误时,主动为自己的失误负责。这样,不仅能以良好的人品、道德和人格魅力换得别人的信赖,同时,也能在尽心尽力地履行职责的过程中提升自己的落实力。

每个企业都希望自己的员工是敢于承担责任的人,而我们既然选择了这份工作,就要有一份责任,清楚自己该承担的责任,明白自己该承担哪些责任,这样的人才能成大器。

## 将"要我去干"变成"我要去干"

俗话说:"一等二靠三落空,一想二干三成功。"在职场中,老板要你去干你才去干,这就叫等,就叫被动工作;老板还没要你去干,你就已经去干了,这就叫想,就叫主动工作。

比尔·盖茨曾经说过:"一个好员工,应该是一个积极主动去做事、积极主动去提高自身技能的人。这样的员工,不必依靠管理手段去触发他的主观能动性。"

也就是说,只懂得一味地工作是远远不够的,还要有工作意愿,即自动自发。所谓自动自发,就是充分发挥主观能动性和培养责任心,在接受工作后尽一切努力,把"要我去干"变为"我要去干",将被动工作变为主动工作。因为一个永远等着老板给其安排工作的人，永远无法得到老板的重用。

　　一个已经入职三年的人，在身边的同事都陆续得到升职的机会后，他却依旧停留在原地。于是，他直接找到老板发问："老板，我有过工作不负责或是违反过公司条例的情况吗？"

　　老板回答得十分干脆："没有。"

　　"那是您对我有偏见吗？"

　　老板摇了摇头，回答道："没有。"

　　"那为什么比我资历浅的人如今都升了职，而我却一直在现在的岗位上？"

　　老板笑了笑，没有直接回答他的问题，而是对他说："我现在手头有个急事，你先帮我处理一下，之后再来谈你刚刚说的事。"

　　这个人以为自己终于要被重用了，结果老板交给他的"急事"，就是联系一下准备到公司来考察产品状况的公司。

　　这能叫什么"急事"呢？他在心里调侃着。所以只用了短短一刻钟，他就完成了这项工作，然后他来到了老板的办公室。

　　"联系到了吗？"老板问。

　　"联系到了，他们说下周过来。"他回答。

　　"具体是下周几呢？"老板继续问。

他无法再回答老板的问题，因为他没有问客户这个问题，因为老板也没有让他问具体的时间。

"他们一行有多少人呢？"老板又问道。

"您没让我问这些问题呀？"这个人不满地回答。

"他们怎么来呢？"老板最后问道。

"这……"这个问题他也没有问。

老板看着他什么也没有说，而是叫来了另一个进公司更晚的职员A，然后让A去做了同样的事，过了一会儿，A回来了，不等老板开口问，A就说道："客户乘坐下周四上午十点的飞机来，大约中午一点钟能到，大约会来五个人，带队的是采购部门王经理，我已经跟公司的司机说好了，当天去接他们。另外，他们预计会考察两天，具体考察项目来了以后再定。我觉得为了方便，将他们安置在公司附近的酒店比较好，如果您觉得可以，我这就去订酒店。"

老板听完，满意地点了点头，同时看向了这个人，说道："现在我们再来谈谈你刚才说到的问题。"

"不用说了，我自己知道原因了。"这个人说道，现在不用老板说，他也明白了自己究竟差在哪里了。

创新工场董事长兼首席执行官李开复曾说："不要再被动地等待别人告诉你应该做什么，而是应该主动地去了解自己要做什么，并且仔细地规划，然后全力以赴地去完成。想想在今天世界上最成功的那些人，有几个是唯唯诺诺、等人吩咐的人？对待工作，你需要以一个母亲对待孩子般的责任心和爱心去投入，不断努力。果真如此，便没有什么目标是不能达到的。"

一名合格的员工，其责任感是不需要在他人的监督下才能体现出来的，而是已经内化为一种习惯性行为。梁启超曾说过："凡属我应该做的事，而且力量能够做到的，我对于这件事便有了责任，凡属于我自己打主意要做的一件事，便是现在的自己和将来的自己立了一种契约，便是自己对于自己加一层责任。"

主动就是不用别人告诉你，你就能够自觉高效地落实工作，真正的责任心是由内而外散发出来的，是自发主动地去接受新任务，并认真地去落实的行为。普通员工和优秀员工之间的差距所在，一个是被动地等待工作，一个是主动挖掘自身的潜能。这也是普通员工之所以平庸，优秀员工之所以优秀的原因。

1992年的时候，著名的职业经理人卫哲当时还是上海外国语大学的一名学生，他在万国证券勤工俭学，因为他翻译的一份年报，卫哲被万国总裁管金生注意到了，然后卫哲就成了"中国证券之父"管金生的秘书。

在给管金生做秘书的时候，起初卫哲只负责翻译年报和剪报纸，但在这样的小事上，卫哲也是下足了功夫。在众多的剪报中，卫哲十分留意哪些是老板看过的，然后在老板看剪报的过程中进行引导。

就连端茶倒水这样的事情，卫哲也琢磨出了许多门道，比如：老板正在开会，什么时候进去倒水才不会影响老板讲话；什么时候倒水不需要加茶叶；什么时候又需要加茶叶进去……这些统统不用老板吩咐，卫哲只是通过想老板之所想，急老板之所急，就自发主动地做到了。

面对卫哲这样的秘书，管先生意识到，再让卫哲做些剪报、端茶、倒水的工作，就是屈才了。于是，当时仅有24岁的卫哲，成了上海万国证券公司资产管理总部的副总经理，是当时国内证券界最年轻的副总。

在新经济时代，昔日那种"听命行事"的员工已经不具备任何竞争优势了，如今企业欣赏的是那种不必交代，就会自动自发去工作的人。工作需要的是一种自动自发的精神，只有自动自发工作的员工，才会获得工作所给予的更多的奖赏。

第三章
## CHAPTER 3

# 干对事：

带着脑子去干，效率才能更高

## 深思熟虑后再去干

比尔·盖茨曾说过"人和人之间的区别,主要是脖子以上的区别。"这句话并不是说人与人的长相各有差别,而是指人与人之间的思想差别巨大。在工作中我们常常可以看到这样的情况,同样的工作交给不同的人去干,效果往往大不一样,甚至有时候会天差地别,这其中的原因,就在于有的人做事善于思考,考虑问题全面;而有的人行事莽撞,缺乏深思熟虑的能力。

电视剧《恋爱先生》一经播出,女主角罗玥的人设就遭到了很多观众的质疑,而大家的质疑就来自于女主在职场上的一系列表现。出场时,女主是走路带风的比利时酒店大堂经理的候选人。

然而再看她的行事风格，却让人想不通为什么这样的人会被上司看重？首先，罗玥帮客人去拿预定好的金箔香槟，但罗玥却在自己离开时，随随便便将十分贵重的酒水放在了楼梯口的电动车上，结果一辆汽车开过来，车里的人推开车门碰倒了她的电动车，酒水也随之掉在地上摔碎了。为了弥补罗玥犯下的错误，酒店只好将剩下的最好的酒赔给了客人。

之后，罗玥负责一场婚礼的派对，中途出现了一些情况，男主角程浩为了抢救一名喉咙卡了异物的女性，不得不坐在女性的身上帮对方催吐，结果却被罗玥认为程浩在猥亵女性，当场抄起酒瓶就往程浩头上砸，并选择了报警。事后罗玥明知道是她误会了程浩，却没有真诚地向对方道歉，始终带着偏见和情绪对待程浩。

最后，罗玥因为屡屡在工作上出现纰漏被上司辞退，而罗玥却始终没有意识到自己的错误，对着上司发疯撒泼，甚至扬言要找董事长理论，本来还想着给罗玥一个体面的上司，直接被罗玥气疯，两人撕破脸皮。

在成年人的世界里，职场有一套属于它自己的规则，身在职场就要适应职场的规则，什么样的职位就有什么样的责任。罗玥作为酒店服务人员，拿着贵重的酒水，却不知道好好保存，酒水被摔坏，反而怪在开车门的人身上，难道她不应该事先将一切可能会出现的意外提前想到吗？在婚礼上误会了客人，害客人被关进了警局，不但没有反思自己行事鲁莽，反而责怪客人故意为难她。虽说为了影视效果，罗玥的人设有些让人摸不着头脑，但是却真真实实反映出了一些职场人存在的问题，认为莽撞是勇敢，将缺乏思考当作是真诚率真。

但职场不是偶像剧，偶像剧可以这样演，身在职场的我们却不能这样做。孔子在《论语·为政》里说："学而不思则罔。"意思是说，只一味地读书学习而不主动思考问题，就会迷惑而无所得。同样的道理运用到工作中也是一样，干而不思也会感到迷惑。

工作不是稀里糊涂地干，工作要想明白了才能去做，没有想明白之前，万不可以贸然行动，要知道，人与人之间的差距，不仅是在"做事"中形成的，更是在"想事"上拉开了距离。

虽然在职场中会遇到一些"计划赶不上变化"的事情，但这种情况的出现概率大概只有10%是因为人为不可控制的原因，剩下的90%则是因为我们自身不足导致的。我们虽然鼓励在职场上要果断行事，但果断不是鲁莽，也不是不分大事小事，都要"思前想后"地考虑一番。而是在做事情之前，将其中的原理想明白了，把事情发展的规律想明白了，出现问题后该如何去处理想明白了。这样做起事情来，才能达到"磨刀不误砍柴工"的效果。

美国通用汽车公司的庞蒂雅克部门曾收到过一封很奇怪的投诉信，信上称这户人家每天晚饭后，都会投票决定买什么口味的冰激凌，每当购买香草口味的冰激凌时，车子就会在店门口出现故障，发动不了。而换作其他口味的冰激凌，则不会出现这样的情况。

庞蒂雅克的部门经理对这件事情的真实性心存怀疑，但顾客的投诉不能置之不理，所以还是派了一名工程师前去解决这个问题。工程师到达这户人家的家门口时，这户人家刚刚好要出门购买冰激凌，而且正好是香草口味的，于是工程师跟着这户人家一起到了冰激凌店。

但他们买好了冰激凌，准备开车回家时，发现车子真的发动不了了。为了弄清事情的真相，工程师又跟着这户人家连续买了三天的冰激凌。第一天和第二天分别是巧克力和草莓口味的冰激凌，买完之后车子一点问题都没有出现，第三天仍旧是香草口味的冰激凌，车子又无法发动了。

难道是车子对香草味儿的冰激凌过敏吗？这分明是不可能发生的事情，但这件事情确实又无法用"正常"的思维来解释。

工程师认为一定有什么问题他没有考虑到，于是工程师开始了一日复一日地"追踪"，将这件事情从头到尾所发生的一切，如：车子出发的时间、车子的使用油种类……每一个细节都记录了下来。

工程师发现，这户人家购买香草口味的冰激凌比购买其他口味的冰激凌所用的时间要少很多。因为这家冰激凌店里，香草冰激凌是招牌，所以用单独的冰柜来陈列，并且摆在了最容易拿取的地方。

购买冰激凌的时间短，车子就发动不了，购买冰激凌的时间长，车子就能够正常发动。难道买冰激凌的时间跟车子发动之间有什么关系吗？工程师再次陷入了思考之中。

经过一系列的研究后，工程师终于找到了症结所在，一切都是"蒸汽"在捣鬼，从熄火到再次发动的时间短，车子的引擎就没有足够的时间去散热，所以才出现了一时半会发动不起来的情况。也就是说，车子发动不了，既不是香草冰激凌的原因，也不是车子的零件出了问题，完全是因为停车时间太短了。

古人说"尽信书，不如无书"，是很有道理的，一个人若是丧失了自己怀疑和判断的能力，就只能盲从别人的意见。工程师若是没有进行周密的思考，那恐怕新闻界就要多一条"汽车过敏"的旷古奇闻了。

著名的发明家爱迪生在谈到自己做事的原则时说："我对于任何大小事情，都不敢过早地决定，而是要经过仔细权衡后才去做。"

优秀的员工，一定是善于思考的员工，即便每天很忙碌，也会抽出时间来思考。只有脑子明白了才能将事情做明白，不会动脑只会动手的人，就会像机器人一样，永远是被一堆电脑程序支配的钢铁。

## 循序渐进地干，分清主次是关键

一个会在工作中动脑子的员工，会发现工作与工作之间是有区别的，每项工作都有轻重缓急之分。我们只有分清哪些是最重要的、哪些是不重要的，按照次序去开展工作，就不会出现"眉毛胡子一把抓"的混乱场面了。

曾经有一家公司，面向社会公开招聘一名高级女职员，由于条件待遇十分优厚，一时间应聘者蜂拥而至。经过了几轮筛选后，最终只剩下小A、小B和小C三个人来进行最后的角逐。

她们三个人都是国内高校毕业的佼佼者，实力可谓是旗鼓相当。最后一场考试中，人事部经理给她们每人发了一件白色的外套和一个精致漂亮的文件夹，然后开口说道："三位女士，请换上公司的制服，带着文件夹，到董事长办公室去面试。这是决定你们去留的面试，都要竭尽所能。"

换好衣服后，人事部经理又叮嘱她们道："第一，董事长非常注重仪表，而你们的制服上一个小污点，虽然很小，但是很明显，所以面对董事长的时候，怎么处理这个污点，将是本次面试的考题。第二，董事长接见你们的时间是7点30分，也就说你们还有十分钟的准备时间，十分钟后，你们必须准时见到董事长，董事长不会喜欢一个不守时的员工的。好了，面试正式开始了。"

三个人听完，立刻看向自己的制服，果然每个人的制服上都有一个污点。为了节省时间，小A马上脱下制服，用手反复揉搓那块污点，试图将其清除掉，但是没想到污点越弄越大，白色的制服最终弄得脏兮兮的。看着惨不忍睹的制服，小A知道自己已经被淘汰了。

小B倒是没有急着用手去搓，她认为若是去掉这块污点，最好的办法还是用水洗。于是，她直奔卫生间，打开水龙头就清洗了起来。污点倒是洗掉了，但是新的问题出现了，那就是衣服湿了一大片，根本没办法穿着去面试。还好墙上有一个烘干机，于是小B赶紧拿到烘干机那里烘干，时间一分一秒地过去了，眼看面试的时间到了，她的衣服还是没有烘干，她也因此错过了面试的时间。

小C看了看时间，十分钟的时间根本无法处理干净衣服上的污点，于是小C直接走进了董事长的办公室里，落落大方地回答了董事长问她的一系列问题。只是在这个过程中，小C一直将文件夹抱在胸前，将那块污点遮挡得严严实实。

最后的结果毋庸置疑，小C获得了最后的胜利。董事长并不是不知道小C的制服上有一块污点，但是小C思路清晰，善于分清事情的主次关系，能抓住事情的本质，并能够利用现有的条件去完成眼前的任务，这一点让董事长感到十分满意。

虽然这只是发生在面试时的一件事，而且事件的存在是为了考验应聘者，但这与现实工作几乎没有区别。无论你是面试者还是一名员工，都要时刻保持一颗清醒的头脑，为应急各种突发事件做好准备。在同样的时间，工作安排的顺序不同，结果就会大相径庭；同样的职位，如果你不先处理紧急的要事，那么你的时间就会被大量的琐事或者次要事务占用。

所以，在工作中，我们要带着脑子去办事，善于在纷繁的工作中，分清哪些工作是重要的？哪些工作是紧急的？哪些工作是不着急去做的？哪些工作是不重要的？根据实际情况，区分排定科学次序，这样才能利用最佳时间去做最重要的事情。

理查斯·舒瓦普是美国伯利恒钢铁公司总裁，在创业过程当中，公司办公效率低下的问题曾深深困扰着他。他不得不向著名的效率专家艾维·李寻求帮助，艾维·李只用了几分钟，就教给他一套方法，且至少能提升50%的工作效率。

这套方法就是，在每天下班前，将第二天需要做的工作，按照其重要程度进行编号，最重要的排在首位，然后以此类推。第二天上班后，立即从第一项工作做起，直到做完为止。接着用同样的方法对待第二项、第三项工作……直到下班为止。如果完成第一项工作就用了一天的时间，那也不要紧。因为至少你已经将重要的工作完成了，那么剩下的工作完成起来自然会简单得多。

理查斯·舒瓦普听得连连点头，回去后，他就按照这样的方法工作起来，果然工作效率提高了至少一倍。后来，理查斯·舒瓦普将这套理论在全公司进行了推广，让公司里的每位职员都按照这样的方法去做。

五年之后，伯利恒钢铁公司从一个鲜为人知的小钢铁厂一跃成为世界第三大钢铁生产企业。舒瓦普曾经对朋友说："我和整个团队始终坚持拣最重要的事情先做，我认为这是我公司多年以来最有价值的一笔投资！"

作为现代企业里的员工，我们不管做什么工作，都要从全局的角度来进行规划，将事情分出轻重缓急，将大目标分成若干个小目标，这样才会提高工作的落实效率。实践证明，按照这样的办事次序是一个比较好的选择：首先是重要且紧迫的事，接着是重要但不紧迫的事，然后是紧迫但不重要的事，最后是不紧迫也不重要的事。

时间是有限的，一个人的精力也是有限的，因此我们必须将有限的时间和精力优先用在最重要的事情上，这样才能高效地利用时间，更好地工作。

## 专注地干，要忙碌不要盲目

有一个著名的"手表定律"，讲的是如果一个人只有一块手表，他可以知道准确的时间，但如果同时拥有两块或者两块以上不同时间的手表，他反而无法确定具体的时间了。原因在于，太多的手表反而不能告诉人们准确的时间，而且还会让看表的人失去对准确时间的把握。

在工作中也是如此，专注于某一项工作，哪怕它很小，也要努力做到最好，总会有不寻常的收获。相反，如果你的思想总是被其他事物所吸引，那么即便是小事，你也无法出色地完成。

就拿司机来说，最重要的是注意前方道路，把控好方向盘。如果做不到这一点，频频出现交通事故，那么做其他事情做得再好，也是失职。这就告诉我们一个道理：一个优秀的员工，要忙碌，但是不要盲目。

在很多赛事中，我们都可以看到赞助商的广告，因为冠名赞助比赛是很多企业的宣传手段。很多年以前，健怡可口可乐就已经开始赞助体育比赛了。在每一场比赛中，作为最大的冠名商，不论是在赛场上还是记者的照相机上和运动员的衣服上，到处都是健怡可口可乐醒目的商标。

比赛开始前，站在主席台上的荣誉总裁迪克·比格斯亲自致开幕词："我们非常欢迎各位来参加比赛，同时特别感谢这次赛事的赞助商健怡百事可乐。"这句话一说出来，坐在台上的可口可乐公司代表脸立刻就绿了，因为百事可乐是可口可乐的竞争对手。于是代表十分生气地大声抗议道："白痴，错了，是可口可乐！"

此时，台下的众多参赛者和观众跟着起哄。这一切，令站在台上的比格斯大脑一片空白，羞愧得恨不得找一个地缝钻进去。事后，迪克·比格斯悔恨地说："如果我专心一点就好了，明知道应该说可口可乐，结果因为注意力不集中，出了差错，给人们留下笑柄，也让可口可乐公司对我产生了不满。这是一个值得我永远铭记的日子，也就是今天让我知道了专注的重要性。"

一个人在工作的时候，不能专注地投入，即使是再容易做的工作也会出现差错。美国成功学大师拿破仑·希尔曾经把专注比喻为人生成功的"神奇之钥"。美国政治家亨利·克莱也曾经说过："遇到重要的事情，我不知道别人会有什么反应，但我每次都会全身心地投入其中，根本不会去注意身外的世界。那一时刻，时间、环境、周围的人，我都感觉不到他们的存在。"身为员工，要想工作有效率，就要专注于当前要务，排除那些次要事务的牵绊，一次只做一件事，并全身心地投入到这件事之中，这样才能高效率地完成工作。

在一个烈日炎炎，空气沉闷的日子里，孔子带着自己的学生到楚国讲学。走到一片树林的时候，高大茂密的树叶立即为他们遮挡住了毒辣太阳的炙烤，让人感到十分清凉。于是，学生们纷纷要求休息一会。孔子便答应了大家的请求，顺着大树坐了下来。

树上的蝉不停歇地叫着，聒噪不已。这时候，一位老者缓缓走了过来，只见他手上拿着一根竹竿，手起杆落，一只蝉就进入了老者的囊中。几杆子下去，没有一只蝉能逃得掉。而老者捕蝉的姿态，像是从地上捡东西一样轻松自如，看得学生们目瞪口呆，学生们忍不住赞叹道："您的捕蝉技术真是出神入化。"

孔子也十分佩服老者的捕蝉技术，十分恭敬地对老者表示赞许后问："想必您捕蝉一定有什么妙招吧？"

老者得到了孔子等人的夸奖，内心感到十分自豪。开始详细地讲起捕蝉的方法来："要捕蝉必须练好站功和臂力。捕蝉的时候，身体站在那，要像一根树桩那样丝毫不能动，伸出竹竿的胳膊要像大树控制树枝一样不能颤动。除此之外，人必须集中所有的精力，心中排除外界的一切影响，留下的只是蝉的翅膀，达到这种境界后，一捕一个准。"

孔子听了，拍着手说："人要是能达到这种境界，不要说是捕蝉，无论干什么，那都是易如反掌的事情。"

想要提高我们的工作效率，那就要全身心地投入，沉浸在一项工作当中，千万不能朝三暮四、三心二意，要知道，心不在焉是工作效率的最大敌人。如果你在工作的时候，能做到心无旁骛、全神贯注，专注自己的目标，那么，你一定也能体会到工作的乐趣，克服种种困难，达到一个新境界，并得到丰厚的回报。

# 没有功劳，埋头苦干就没有意义

工作中，我们经常会听到有人这样说："我没有功劳也有苦劳。"说这句话的人往往是那些任劳任怨工作很多年，想求得别人认同但又没有做出什么实际功绩的员工。通常说出这句话后，他们的内心感觉十分委屈，并且越想越气。

在当今企业中，存在这样想法的员工并不在少数，他们认为：当老板交代的任务没有成功完成的时候，老板应该谅解自己的难处，应该考虑自己的努力因素。尤其是那些能力不够、对待工作又没有尽力的人，这句话就经常被他们用来自我安慰，也常常成为他们抱怨的借口。

而如今是一个以成败论英雄的时代，没有功劳的所谓苦劳根本毫无价值，不但消耗了自己的时间，还浪费了公共的资源。

罗马帝国五贤帝之一的哈德良，不仅是一位卓越的政治家，也是一位博古通今的学者，深谙用人之道。

在哈德良手下，有一个将军十分勇猛，常年来一直为哈德良南征北战、出生入死，洒下了不少血汗。时间久了，这位将军觉得具备了镇守一方的能力，于是便对哈德良说："尊敬的陛下，我觉得我可以带领军队镇守一方了，因为我跟随您参加了众多重要战役，经历过最残酷的考验，我觉得我作战经验丰富，完全可以担任如此大任。"

因为这位将军常年跟在他的身边，哈德良十分了解这位将军，虽然他骁勇善战，忠心耿耿，征战沙场数十年，是个打仗的好手，但是却缺少智谋，没有统帅之才，只有苦劳，没有多少功劳。这样的人在前线打仗可以，但是作为一方将领却不可。

于是哈德良指着外面一片开阔的草地，问道："将军可看到草地上吃草的驴子了？"

将军回答说："看到了，陛下。"

"这些驴子，它们征战沙场不比你我少吧？但它们仍旧是驴子。"说完，哈德良意味深长地看了这个将军一眼。

在哈德良眼中，资历和作战经验虽然很重要，但这并不是衡量能力大小的标准。在职场中，这个道理也同样适用，那就是"如果没有功劳，苦劳也就失去了意义。"看到这话，有的人可能会觉得不服气："凭什么苦劳就没有意义了呢？"这得从公司和员工之间最本质的关系上说起。

公司和员工的关系，从本质上来说，就是商业和利益上交换的关系，公司之所以雇佣你，是为了让你给公司创造价值，也就是说公司付你薪水，就是花钱买你的才能为公司创造的利润，公司最终要看到的，是你为公司创造的结果和价值。所以，没有成功之前的付出，对于公司而言是没有价值的。

更不要说职场中经常可见的那种打着"任劳任怨"的旗号，实际上却是不思上进、害怕改变的懒惰鬼，他们往往喜欢用"没有功劳也有苦劳"这样的说辞为自己遮掩，以掩盖自己没有付出努力就想要得到报酬的心思。

站在老板的角度而言，当没有更好标准来衡量一个人的时候，那业绩和功劳就是最直接也是最简单的方式。俗话说："慈不掌兵。"太过于仁慈的人，无法带兵打仗。企业也是如此，企业不是福利机构，也不是慈善机构，在如此激烈的市场竞争之下，如果一个企业太多地考虑情感、人性化，那能否生存下去都是问题。同样道理，老板若太过于心慈手软，不管功劳苦劳统统作数的话，那只会让企业的发展陷入淤泥之中。

所以，作为一名员工应该牢记，公司追求的是结果，也就是员工的劳动结果，而不是所谓的苦劳！只有努力到有结果才有价值。不要再告诉别人你有多辛苦，你有多努力，而要告诉别人你做成了什么事，只有做成事才是衡量你价值的标准。

陈奇在一家贸易公司做财务人员，已经有五六年的时间了。在此期间，他也算得上是任劳任怨，工作上偶尔会出现一些差错，但很快就能够改正。陈奇觉得，只要自己以当前的状态混下去，以他的资历，等到公司的财务总监卸任的时候，下一任的最佳人选一定是他。

但令陈奇没有想到的是，公司来了一个新人，这个新人毕业于名牌财经大学。为了让新人尽快熟悉公司环境，陈奇作为老员工就负责带一带新员工。陈奇觉得自己卖弄资历的时刻到了，处处以公司元老的姿态对待新员工，可是没过多久，陈奇这"元老"的架子就端不起来了。因为新员工的能力实在太强了，除了懂财务、营销、外语和电脑，还曾经获得全国珠算大赛的大奖，可谓是才华横溢。

于是陈奇开始处处为难新人，不让新人用电脑，不让新人接触核心业务，但是新人却能够忍辱负重，依旧一丝不苟地完成工作，就算只用一支笔一个算盘，也能将账目做得漂亮得无可挑剔，让陈奇找不到一丝挑错的地方。

反倒是陈奇自己，仗着自己来公司时间长了，对待工作也没有最初的干劲和热情了，再加上把多余的心思又都用在了如何给新人"使绊子"上，导致自己的工作频繁出错，有时候还要找新人帮忙解决问题。

三年后，公司的财务总监卸任了，接任的是这位新人。对于这样的结果，陈奇虽然心有不甘，但是也无计可施了。

革命不分先后，功劳却有大小。不管是大企业还是小公司，无一例外地需要的都是能够创造实际业绩的员工，而不是那些曾经做出一定贡献，但是后来却跟不上公司发展的脚步，自以为是的员工。

这是一个凭实力说话的社会，能者上庸者下。想成为一名优秀的员工，就不要只知道埋头苦干，还要抬起头来想一想，怎样干才能为公司创造更多的价值。你所有的苦劳，都是为了实现工作价值而付出的，并不需要额外提炼出来，因为在功劳还未实现之前，苦劳的存在还不具备任何意义。

就如比尔·盖茨所说："这个世界不会在乎你的自尊，这个世界期望你先做出成绩，再去强调自己的感受。"

## 从实际出发，认清自我再去干

在职场中，我们决定去做一件事情的时候，首先要考虑的是自己的能力。俗话说："没有金刚钻，不揽瓷器活。"意思就是说，无论做什么事情，都要量力而行。一个人只有在自己熟悉的领域内发挥，才能轻松自如，才能做好每一件事情。反之，没有金刚钻，还包揽瓷器活，那就是自不量力，甚至是自取灭亡，最终自食苦果。

但要做到认清事实不是一件易事，因为有时候，人缺乏从实际出发和面对现实的精神和勇气，从而养成一种不良习惯——只看到自己的优势而完全忽略了自己的不足。

彼得尼·鲍斯公司与信件和文件复印机公司是两家极为相

似的公司，他们拥有着几乎一样多的员工，几乎相同的收入与利润，股票行情也差不多。但到了2000年时，彼得尼公司员工已经增加至3万名，总资产已超过40亿美元，而信件和文件复印机公司却只有670名员工，总资产与1亿美元还相差一段距离。

两家曾经差不多的公司最终呈现出了天差地别之势，原因就在于前者更加具有敢于面对现实、实事求是的态度。

彼得尼·鲍斯公司在新年过后的第一次经理会议中，一般会先用15分钟回顾上一年所取得的骄人成绩，却用2个小时来讨论新一年中即将面临的困境。同时，该公司还设有一个专门的论坛，大家可以在那里直抒己见，任何一名普通员工都可以向高层主管反映问题，也可以当面批评、提醒他们。

彼得尼·鲍斯公司的主管弗雷德·珀杜说过这样一番话："当你掀开石头，看到下面那些龌龊的东西，你要么把岩石放下，要么就告诉自己，你的任务就是要掀开石头，看到这些龌龊的玩意儿，尽管这可能会使你感到非常恶心。"

不仅是弗雷德·珀杜，事实上，彼得尼·鲍斯公司的大部分主管，都说过类似的话。这话不仅说给员工，也说给领导者，让每一个人都能够认清现实，面对自己的不足之处。

而信件和文件复印机公司却极少会这样做。作为CEO的洛依·艾施认为人要有远大的目标，要把眼光放长远一些，要与那些业内的大公司看齐。于是洛依·艾施实施了一些大胆的设想，但那些设想是只有IBM、施乐、柯达这样的大公司才会有的，而对于一家只经营信件复印机业务的小公司来说，根本不切实际。

但洛依·艾施对那些近似不可能完成的计划执迷不悟，固执地从那些还在盈利的项目中抽出资金，浪费在错误的投资上，同时也破坏了正常的业务运营，最终导致计划失败。后来，董事会解雇了洛依·艾施，但是公司也随即宣告破产。

彼得尼·鲍斯公司面对现实，承认现实的困难，然后去克服，最终取得胜利；信件和文件复印机公司沉浸于幻想，不愿面对现实，一意孤行，终遭失败。企业如此，那么作为个人在工作的时候，更应该小心谨慎，一旦考虑不周，贸然行动，结果必然是得不偿失。

在职场中有很多这样的人，一味地追求不现实的目标，这山望着那山高，从来不在实际中正视自己的真实能力，妄想着一步登天的美事，却常常因为自己能力不济，将事情搞得一团糟，最后不但影响了自己职业生涯的发展，还给公司带来了不可挽回的损失。

因此，无论是公司还是个人，在决定做一件事情之前，最重要的就是要认清现实，知道自己的能力在什么程度上。人贵有自知之明，既要知道自己的优势是什么，在机会来临之时，能够毫不犹豫地抓住；同时，也要知道自己的不足在哪里，这样才不会在能力不足之时要强出头，造成不可挽回的局面。

保罗梦寐以求的工作是国际贸易运作，很幸运，他进入了一家国际贸易公司，成为一名普通职员。虽然工资不是很高，但是他在工作中可以接触到整个行业的规则，这让他感到十分开心。

在工作期间，保罗利用自己的英语优势，迅速掌握了外贸英语。又学习了国际贸易法律、法规和惯例。几乎所有的工资都被他用来买书、培训、学电脑、查资料了。他的老板在业务上对他的帮助也很大，不论是合同的拟订，货物的报关、查验，还是与外商的谈判，都让他参加。很快保罗就成了公司的业务精英，职位也晋升了两级，只是薪水还没有达到他期望的水平。

这个时候，保罗身边的几个同事看准机会纷纷去创业了，而且似乎还发展得特别好，一个个都挣了不少钱，看起来风光无限。有几个平日里跟保罗交好的同事，过来劝他自己创办公司，并说搞网络生意很赚钱，只要肯干，每个人都能赚大钱，人人都能发财。

保罗虽然很想赚钱，但是他很清楚自己的实力在哪里，他并不了解网络，于是思量再三后，保罗拒绝了同事的好意。他依旧留在原来的公司里，倒不是他没有更好的选择，而是他认为自己还有很多地方需要学习。

就这样，保罗又干了两年，整个行业的规则都被他摸得一清二楚了，也看清楚了公司本身存在的问题。这时，正巧一家国际贸易公司面临倒闭，保罗将自己的房子抵押给了银行，然后用抵押来的贷款接手了这家贸易公司，只用了短短一年的时间，保罗就令这家公司起死回生，并很快在业内站稳了脚跟。

保罗很快成为业内响当当的人物，并且身价不菲。再回看那些曾经劝他做网络的同事们，有的靠着一家小公司勉强度日，有的早已经破产，负债累累。

认清自己是一件很重要的事情。人最怕的就是连自己都不认识自己。一个优秀的员工，对自己有较为准确综合的认知，能够恰如其分地评价自己，能够按照不同的角色和不同的要求，适时地去调整自己的行动。

职场上，只有先较为清楚地认识自己，找对自己的位置，才不会好高骛远，去做一些与自己能力不符的事情。

## 第四章
## CHAPTER 4

# 马上干：

## 立马动起来，行动最重要

## 不能干也得干，别给自己找借口

曾有人做过一项调查，老板最不喜欢哪种员工？其中"总是为自己找借口"的员工得到了相当高的票数。也就是说，那种接到任务就说"困难"的员工，是最不被老板喜欢的一类员工。

那些一张嘴就是"老板这个太难了""老板，这是不可能的""老板，我们没有必要这样做，这样做就是在浪费资源"……的员工，不管你有没有将老板派发你的任务完成，只要这种话一说出口，老板就已经开始对你失望了。一名优秀的员工，在接到一项任务时，不管这项任务是简单还是困难，都不会为自己找借口，他们只会坚定地对老板说："您放心，我会尽一切努力去完成！"

加拿大第一位华裔女国会议员叫梁陈明任。

上大学时，梁陈明任学习的是医科，但她后来发现癌症虽然可怕，但比癌症更可怕的是人的心灵，一个人心灵的癌症比生理的癌症更可怕，因此她放弃了医学专业，进了UBC大学开始专攻社会学。

毕业后，梁陈明任为社区义务服务了20年。这期间，只要社区有活动，她都会积极参加，有的活动没有妇女参加，她就第一个加入。社团里，没有女人做理事的，她就第一个去做；协会里，没有女人做会长，她便去当会长。

只要别人信任她，她从来都是义不容辞，并且能够做到令所有人的满意。1994年，梁陈明任荣获了"加拿大勋章"。她的表现，加拿大总理都看在了眼里，钦点她出来竞选。思量再三后，她觉得自己不应该辜负这么多人的信任，在接下来的两个月里，她跑坏了一双新跑鞋，终于在激烈的竞选当中击败了9个对手，获得了成功。

梁陈明任之所以能够成为加拿大第一位华裔女国会议员，跟她勇于挑战的精神是分不开的。一般的员工在看到困难的工作时，第一反应是逃避；而优秀的员工，在看到困难的工作时，第一反应是迎接这个挑战。或许，在他人看来这种"明知山有虎，偏向虎山行"的行为是愚蠢的行为，但事实上，这才是聪明的行为，因为对高难度任务的突破，是让人生价值最大化的一个快捷途径。

当你万分羡慕那些在职场中有着杰出表现的同事，羡慕他们能够得到老板的器重并委以重任的时候，你要明白他们都是经历过重重考验才获得现在的成就的。在面对别人说不可能的工作时，他们不会动摇自己的决心，只会相信自己的判断；在哪怕只有1%可能性的情况下，他们依旧会付出100%的努力去干；在别人还在考虑是否能够做成功时，他们就已经在琢磨着通过什么样的方法才能做成功了。

在工作中，我们应该保持这种态度，抛弃寻找借口的习惯，如果你觉得上司不够重视你，请不要埋怨上司，要先从自己身上找原因，看看是否因为自己能力不强或协调不当所导致；如果你不能完成公司交给你的任务，请不要抱怨太困难，要先检讨自己，看看自己是否已经尽力。

一个执行力强的员工，从来不会为自己找借口，面对有难度的工作时，他们会努力去学习去研究，会将不可能做到变成可以做到。

窦铁成是全国劳动模范，作为新时期中国的"金牌员工"，现代产业工人的楷模，窦铁成的履历表并不怎么漂亮，他只是一名初中毕业生。但就是这样一名初中毕业生，却能完成很多高学历人才完不成的工作。

在铁路电气和变配电施工的技术方面，窦铁成被称作"问题终端解决机"，无论谁遇到了技术难题，只要拨打窦铁成的电话号码，难题往往都能够迎刃而解。甚至有时候他都不用去现场，只要听人讲解大概的情况，他就能够迅速找到问题的"症结"所在。

最初进入到铁路系统工作，窦铁成知道自己文化水平低，为了能够将工作完成得更好，他加倍地努力，学习电力学知识，在他的宿舍里，有不下60本上百万字的学习笔记，这使他从一个普通的电工成长为了知识性的高级技师。

2006年，窦铁成参加浙赣铁路板杉铺牵引变电所施工工程。这个变电所是浙赣铁路线上规模最大、技术含量最高的变电所。在施工的过程中，变电所的变压器引入导线设计要求为铜板双导线，但国内没有这种产品，眼看着交工日期越来越近，大家都急得像热锅上的蚂蚁，将最后的希望都寄托在了窦铁成的身上。

窦铁成顶着巨大的压力，连续5个晚上在宿舍里写写算算，反复琢磨，终于一个产品加工的方案出来了，窦铁成使用现场就有的铜排、铜螺栓等材料，加工制作出了符合技术和功能要求的全铜间隔棒，完全达到技术指标。后来，这项技术得到迅速地推广，令成本节约了4倍多。

而作为一名合格的员工，应该永远对两件事情尽心尽力地履行职责：一件是目前所从事的工作，另一件是以前所从事的工作。所以，千万不要利用各种借口来暗示自己"我不行""我没有那个能力",借口只能让你的情绪获得短暂的放松,丝毫无助于工作的进行。成功不在于天赋,而在于态度,只有像加西亚一样,不找任何借口,才能不忘记自己的使命,最终完成自己的职责。

## 别再犹豫，果断地去干

在职场中，有很多因素会阻碍一个人的成功，其中"犹豫不决"绝对是其中一只拦路虎。企业的发展需要那些做事坚决果断，能够迅速解决问题的人。你若是想要得到老板的器重，成为企业发展的中坚力量，就要改掉优柔寡断的坏习惯。

传说中，古希腊哲学家苏格拉底带领他的学生来到了一片麦田前，要求他的学生们从麦田中穿过，摘下最大最好的那株麦穗，但要求是每个人只有一次机会，并且中途不得回头。

第一个穿过麦田的学生，刚走了几步就看见了一株很大的麦穗，他怕后面再也看不到更大的，于是便将这株麦穗摘了下来。结果在他走到后面时，发现了更多更大的麦穗，这让他感到悔恨不已。

第二个学生恰恰相反。他走进麦田后，并没有急着去采摘麦穗，因为他总觉得前面会有更大更好的麦穗，直到快走到头时，他才发现，最大最好的麦穗已经被他错过了，结果他空手而归。

这是苏格拉底给学生们出的一道"两难"的选择题，代表着我们人生中会遇到的种种选择，有的人稀里糊涂地选一个，结果发现选的不对；有的人患得患失，犹犹豫豫，结果错过了最佳的时机。

机会总是留给有准备的人，但不会留给一直在准备的人。机会，之所以称之为机会，就是因为稍纵即逝，往往在你还在准备时，它就已经来了。如果此时的你认为自己还没有准备好，还要再等等的话，那机会可就弃你而去了。

世界上永远不存在绝对完美的事，"万事俱备"只不过是"永远不可能做到"的代名词。一个优秀的员工从不在面对问题时犹犹豫豫，因为他们明白机会从来不等人，在通往失败的路上，处处是错失了机会、坐待幸运到来的人。

在职场中，纵使你有再傲人的才干，再聪慧的头脑，但却拥有犹豫不决的习惯，那么老板也会对你失去信任，不敢将工作重担交到你手上。面对工作中出现的问题，你必须能够抓住工作的实质，立即行动，一鼓作气将工作完成，而不是在犹豫中贻误时机。

2002年，华为公司的几名员工受俄国一家运营商的邀请来到莫斯科，他们要在短短的两个月内，在莫斯科开通华为公司第一个3G海外试验局。

但是这家运营商在邀请了华为的同时，还邀请了一家实力比华为更强的公司，华为只是应邀前去调试的第二批技术人员。因为实力不如别人，华为到了莫斯科并没有得到运营商的重视，他们不但没有给华为的工作人员提供核心网机房，甚至不同意他们使用运营商内部的传输网。

按理说，这样的工作有"珠玉在前"，华为很难有胜算。但是为了能够拿下这个客户，华为的工作人员顶着巨大的压力，一直在思考怎样才能做得更好，以赢得运营商的信任。就在这时，第一批技术人员在业务演示中出现一些小漏洞，引起运营商的不满。为了弥补这些小漏洞，运营商决定将华为公司的设备作为后备。

这一下让华为看到了希望，他们赶紧抓住机会，夜以继日地投入工作，向运营商完美地演示了他们的3G业务。运营商看完演示之后，禁不住竖起大拇指，立刻决定将华为公司的3G设备从备用升级为主用。

这个消息令华为员工们当场松了一口气，如果他们当初犹豫不决，就会错失这次机会，只能作为"候补队员"存在了。正是因为他们毫不犹豫，不管是否能够成功，都要先试一试，这才抓住了这次难能可贵的机会。

美国前总统老布什说："命运不是运气而是抉择；命运不是思想，更重要的是去做；命运不是名词是动词；命运不是放弃而是掌握。"在瞬息万变的职场中，机遇稍纵即逝，当机立断是一个优秀员工最基本的素质之一。很多时候，机会并不是"等"来的，而是通过我们的行为创造出来的。只有果断行动，才能真正地做出成绩。只有果断决策，才能把握住良好的时机。

## 干起来，就现在，别磨叽

职场中的人，多多少少都会有这样一个不太好的习惯，那就是对待工作，能拖就拖，实在拖不下去了，再加班加点地赶出来。

就好比，一个项目的完成时间是三个月。

距离完成日还有三个月的时候，认为时间还早着呢，每天过得悠哉游哉，十分惬意；

当距离完成日还有两个月的时候，开始下定决心要认真工作，但心里却依旧不着急，干起来有一搭没一搭；

当距离完成日还有一个月的时候，开始有些着急，像只没头苍蝇一样，完全找不到工作的状态；

好不容易状态调整过来了，距离完成日就剩下两周的时间了，于是开始没日没夜地加班加点，终日内心恐慌，生怕上司突然询问工作进度。终于在最后一天熬夜完成了工作，但整个人也如虚脱了一般，好久都休息不过来，继而继续影响下一步的工作计划。

如此反复，恶性循环。

究其症结，就在"拖延"二字上。

导致一个人频频"拖延"的原因有很多。

有的是因为自身意志力薄弱，面对困难总是习惯性地逃避，害怕艰苦，同时又缺乏自我约束的能力。

有的是因为头脑中的想法太多，却又缺乏条理性和计划性，导致自己想要开始，却又不知道该如何开始。

有的则是因为没有目标，也不知道该制定一个什么样的目标，没有目标就没有前进的方向，都不知道自己要去哪里，又怎么能够启程呢？

不管是什么原因导致的"拖延"，对于职场人士来说，它都是一种危险的恶习。

1989年3月24日，美国经历了一场"海上噩梦"，埃克森公司"瓦尔迪兹"号油轮在阿拉斯加州威廉王子湾撞上暗礁后搁浅，800多万加仑原油泄露在海水里，沿岸1300公里的区域，都受到了严重的影响，但埃克森公司却迟迟没有做出反应，没有采取任何抢救措施。

这一行为直接导致原本风景如画，盛产鱼类的海岸线，被一层黑乎乎的油污所占据，造成大量鱼类死亡，成群的海豚和海豹也不见了踪影。纯净的生态环境被严重破坏，附近海域的水产产业遭受了惨重的损失。

最终，人们被激怒了，发起了一场"反埃克森运动"，直接惊动了当时的美国总统布什，布什派人前往调查，此时邮轮泄露出的原油已增加到1000多万加仑，成了美国历史上最严重的原油泄露事件。

原本埃克森公司规模巨大，仅次于美国通用汽车公司和福特公司。然而经过这次的原油泄露事件，使得埃克森公司损失了几亿美元，更重要的是丢掉了口碑，遭到了人们的纷纷抵制。

如果从事故一开始，埃克森公司就着手去处理，相信最后的结局会大不一样。

这就是"拖延"带来的后果。不管是公司还是个人，没有在关键时刻及时作出决定或是行动，而是让事情持续拖延下去，就会给自身带来严重的危害。明明是当天就能够完成的工作，偏偏要拖到最后一刻才开始进行，今天完不成了，就留到明天去做，明天的工作就留到后天去做。而工作的数量不会因为时间的减少而减量，只会随着时间的推移，越积越多。古人早就告诫过我们："明日复明日，明日何其多？"

据说，清朝时期的军机处，其中有一项核心工作要求，就是"今日事，今日毕"，不管当天有多少公文，那也必须在当天完成。有的时候，一天的奏折多达上百件，即便这样，也没有例外，哪怕熬夜点灯，也要将所有的奏折处理完毕。

时至今日，这种"今日事，今日毕"的果断态度，依旧能够在一些成功的企业家身上看到。

一位民营企业的女老板，从一无所有到公司建立起子公司，在其出色的各项能力中，行动力可以说是独占鳌头。

别的老板开会，会议结束时，大多会这样说："各部门在会议结束后，再去讨论讨论，然后拿出一个方案来。"这位女老板从来不会这样说，她会让员工们在会议结束后就原地进行讨论，不讨论出个结果来，就绝不散会，什么吃饭、下班，在结果没有出来之前，就绝不存在。

有一次，公司请了一位老师来上课。老师在上面讲，女老板和员工们一起坐在下面听，在听的过程中，女老板便将自己觉得深受启发的地方都记录了下来，然后结合着公司即将要举办的一个项目活动，策划出了方案，写在了邮件里。

几乎是在老师下课的同时，邮件就发到了在场听课的每个人手里，方案细化到了每个人的工作内容，甚至是时间节点。

如果别人一周可以推进十个项目，那么这位女老板就可以推进一百个项目。人与人之间的差距，就是这样产生的。若想成大事，就不要纠结；若想成大器，就不要磨叽。

当你面对现在就应该完成的工作，头脑中却产生"改天""一会儿""等等"……这样的字眼时，那就说明"拖延症"又犯了。这时，你就要在心中对自己说："3、2、1，马上去做。"就如同念咒语一般，不断地重复告诉自己，让这个命令进入到我们的潜意识里面，时时刻刻告诫自己，无论是大事小事，只要是当下该做的事情，就要立刻行动。

同时，想要自己立刻全身心地投入到工作当中，不至于被中途打断，那么就要去除掉一切可能会引起我们分心的因素。建议电脑的桌面上只保留与工作有关的文件，关闭掉一切弹窗。办公桌上尽量简洁，只留下工作必备的用品，其他的音响、零食、小玩偶等等物件，就让它们统统"住"进收纳箱里吧。

工作就如同战斗，必须拥有高效的行动能力，在任何一家公司里，那些做事拖延的人，都不会被给予太高的期望。因为，优秀的员工做事从来不拖延。

## 说得多，不如干得多

职场上真正的干将，绝不会将工作只停留在口号上，他们会拿出实际行动来，做出实际的成绩来。但现在很多人在工作中，好大喜功，急于表现自己的能力，在理论上往往是口若悬河，滔滔不绝，但是对于工作究竟该怎样做？具体的措施是什么？却很少动脑筋、花精力去解决，只会"纸上谈兵"，不懂凡事需躬行。

在20世纪80年代，博士还是一个稀缺的"物种"，所以刘春辉博士刚毕业，就被一所大型企业聘用了，作为企业成立以来的第一名博士员工，刘春辉的到来让老板对企业未来的发展充满了希望，老板认为，有这样的人才助阵，企业还怕发展不好吗？

刘春辉起初也没有让老板失望，在一次营销会上，刘春辉激情四射地讲了两个观点，内容深刻，直接切中了问题要害，当场镇住了所有人。这一下，不仅仅是老板对刘春辉赏识有加，就企业内的其他员工，也对他赞赏不已。

但时间一长，大家都发现了刘春辉的弱点，那就是他的理论知识渊博，却没有一点实践经验，而且性格还有点偏执，听不进任何人的劝说。

有一次，老板派刘春辉去接触一个客户，这是刘春辉第一次独自接触客户。在此之前，这个客户一直由公司中的另一名员工李强负责。对于这一次的合作，李强已经提前做好了策划案，但是刘春辉看后，认为李强的策划案做得太差了。李强解释，自己跟这个客户合作一年多了，所以这次的策划案是为客户量身定做的。

但刘春辉没等李强说完，就打断了李强的话，拿出博士的学历压李强，还要求和李强一起去见客户。

见到客户后，刘春辉丝毫没有给李强说话的机会，一上来就口如悬河地为客户讲了很多公司的成功销售案例，又为客户描绘了未来的宏图。客户第一次见刘春辉，也不知道他的具体情况，只能随声附和，到后来，客户实在是听不下去了，便毫不客气地打断他，对他说："我们公司还没有那么长远的规划，就目前这个合作，你若是能够拿得出切实可行的方案，咱们就合作；你要是拿不出，我看这合作就算了。"

这让李春辉有些为难，因为他并没有做出策划案来。客户见状，一拍桌子，起身便打算离开。还好李强多了个心眼儿，出门前将自己的策划案带了出来，客户这才看在李强的面子上继续合作了下去。

经过了这一次失败，刘春辉并没有引以为戒。之后每一次出去见客户，他总是一副资深专家的模样，给客户灌输他那一套理论，可当客户提出看且还可行的策划案时，他又始终拿不出让客户满意的策划案。

渐渐地，很多客户一见到他，还不等开始谈判，就已经在心里给这次合作宣判了"死刑"。接连搞砸了公司多个案子后，老总找到了刘春辉，语重心长地劝说他多学习多锻炼，不要一肚子理论知识，却做出实际的成绩来。

刘春辉却认为老板不理解他，觉得自己在这个企业里"毫无用武之地"，一气之下选择了离职。可是离职后的刘春辉再也未能进入到大企业当中，而一些小企业他又看不上。最后，堂堂一个博士生只能待业在家。

"光说不练假把戏"，在今天的社会，有很多像刘春辉一样的人，说起来天下第一，做起来却力不从心。空谈，永远是解决问题的绊脚石。想要工作取得实质性的进展，就不能仅仅局限于喊口号、搞形式、做样子，而是要踏步向前走，用双脚、用行动去跨越空谈这一绊脚石。

美国著名作家奥格·曼迪诺，他的18部作品被译成18种语言，销量超过3000万册。他是世界上最具激励效应的畅销书作家，还是世界上最受追捧的演讲家之一。他时时刻刻告诫自己："我要采取行动，我要采取行动……从今以后，每小时、每一天都要重复这句话，一直等到这句话成为像我的呼吸习惯一样，而跟在它后面的行动，要像我眨眼睛那种本能一样。有了这句话，我就能够实现我成功的每一个行动，有了这句话，我就能够制约我的精神，迎接失败者躲避的每一次挑战。"

我们必须正确处理"喊口号"与"加油干"之间的辩证关系，做到知行合一、言行一致。要拿出更多的时间、精力与智慧，多思考、多研究，多出台一些切合实际的好决策、好办法、好措施，在落实工作上下硬功夫、真功夫、苦功夫。

海尔集团的冰箱驰名中外，已经成为"品质"的代名词。德国《TEST》杂志曾对德国市场上的产品进行抽查，抽查的结果让人大吃一惊，最优秀的陈品既不是日本货、美国货，也不是德国的本地产品，而是来自中国海尔集团生产的产品。

在海尔人的眼中，产品只有两种：优质品和废品，除了这两种产品，根本不存在第三种。当别的生产商还将"质量第一"的标语挂在墙上，让员工们瞻仰的时候，海尔集团已经将"质量第一"具体到了行动上。在海尔集团的电冰箱生产线上，所有的工序质量都被分解为了1960项质量标准，并编制成《质量手册》，人手一册。每一道工序、每一个人应负的责任、违反条款该受的处罚等都有详细的说明。

通过这样的方式，海尔将质量具体落实到了每个人头上。有人可能会觉得夸张，但现实就是如此，口号再华丽，也都是空泛的，只有行动才是最真实的，因为行动起来才能产生结果。

目前，海尔集团约有40%的产品销往国外市场。海尔产品在日本、德国、意大利、加拿大、美国、澳大利亚等国，同样深受消费者的喜爱。

不管是企业还是个人，最重要的工作就是干。"天下大事必作于细，古今事业必成于实。"工作就是要实实在在地干，不带有虚假，不走形式，不空谈。光说不干，所有的决策便毫无效用；光说不干，工作就无法完成。踏实地干，是一个优秀员工必备的责任，也是一个优秀员工必须具备的观念和能力。

## 想要梦想实现，就得先干起来

想必大家都听到过这样一句话，叫作"思想的巨人，行动的矮子"。说的就是，在职场中，我们有太多的人，总是想得太多，做得太少。还有一句话叫作"晚上想想千条路，早上起来走远路"，跟前面那句话有异曲同工之妙。有的人之所以一生都没什么建树，就是因为他们想得多，但是做得少，梦想始于足下，想要心中美好的想法实现，就要从现在开始动手。

关于自己的职业之路，相信很多人的心中都存有美好的愿望，或者是希望自己能够进入到心仪的公司；或者是希望自己能够实现升职加薪；再或者是通过工作能够实现自己的个人理想……不管是多么美好的想法，要实现它的第一步，首先就是行动，否则想得再美，也只能是镜花水月。

沃斯特出生在美国一个十分优越的家庭中,她的父亲是波士顿有名的外科整形医生,母亲是一所知名大学的教授。而她从小就被培养得多才多艺,梦想着长大以后能够成为一名电视节目主持人。

大学三年级那一年,电视台到沃斯特所在的大学录制节目,并在大学里招募临时演员。身边的朋友纷纷劝说沃斯特去试一试,虽然只是一个临时演员,但说不定导演可以就此发现沃斯特的才能。

但沃斯特却拒绝了大家的好意,因为她觉得自己要做的是主持人,并且是最优秀的主持人,能够红遍全美国的那种,而不是一个连姓名都不配拥有的临时演员。就这样,沃斯特每天怀揣着当著名主持人的梦想,时常幻想着自己出现在电视上时,引出一片惊呼之声;幻想着自己走到大街小巷上,被人索要签名和合影。

但是她却没有付出一点努力去纠正自己的发音,也没有进行锻炼,让自己看起来更苗条,更上镜一些。所以毕业后,沃斯特投向各个电视台的简历,就像是石沉大海一般,没有了回应。而她依旧每天沉浸在自己的美好幻想中,想象着有朝一日自己成为电视台的主持人,如何光芒万丈,如何引人注目。

只是,沃斯特也就只能想想罢了,随着年龄的增长,一批又一批优秀的毕业生毕业了，而沃斯特则渐渐被时代淘汰了。

想得好不如做得好，如果想把一件事情做好，只是在心里勾画美好的蓝图是没用的，还得靠行动，任何伟大的梦想，都是从平凡的小事开始做起，一步一个脚印，做好每一件小事，才能离梦想越来越近。

有句话说得好："人们不可能通过思考而养成一种新的实践习惯，而只能通过实践来学会一种新的思考方式。"阿里巴巴的马云和全球顶级风险投资商孙正义都不约而同地认为：三流的点子加上一流的执行力永远比一流的点子加上三流的执行力更好。

在几十年前的美国，有一位叫鲁特的年轻人，他是一名普通的制瓶工厂工人，每天在车间里制作各种各样的瓶子时，他都会想：这些设计师设计出来的瓶子真不错呀，什么时候自己也能设计出一款既好看又实用的瓶子呢？

一天，鲁特和女友去约会，女朋友穿了一条很漂亮的裙子，那条裙子上部分较窄，腰部显得十分有吸引力。看着女朋友的这身打扮，他当时就萌生出一个想法，如果能把玻璃瓶设计成女友裙子那样，一定会大受欢迎。

而他不仅仅是想想而已，当天结束约会后，他回到家就开始画图，经过反复的试验和改进后，终于制成一种造型独特的瓶子：握在瓶颈上时，没有滑落的感觉；瓶子里面装满液体，看起来比实际分量多很多，而且外观别致优美。

鲁特对自己设计出来的瓶子十分满意，他还特地为此申请了设计专利。巧的是，当时可口可乐公司恰好看中他设计出来的瓶子，并以600万美金买下瓶子的专利。

就这样，只是工厂小工的鲁特，摇身变成了一位百万富翁。

鲁特因为一时灵感而把想法具体落实，最后取得成功。其实，我们每个人都有成功的机会，但大多数人只是空有想法，而没有立刻去行动。明日复明日，明日何其多？时间久了，要么想法被渐渐淡忘，要么想法已经过时了，或者是被其他人的想法替代了。

人生像一场长跑，没有踏上起点的勇气，就永远无法体会冲过终点的荣光。优秀的员工在工作中都会秉持着这样的工作理念：有了想法，就要立即行动。任何好的规划和蓝图只有付诸行动，才不会成为白日梦。

## 第五章
## CHAPTER 5

# 学着干：

## 学无止境，干到老学到老

## 一边干，一边自我淘汰

当一个人在职场做出一定的成绩后，往往会感到满足，满足于现状，满足于现在的自己。这并不是说他们没有进步的空间了，反而是他们还有很大的进步空间，只是他们觉得这样就可以了，没有必要再折腾了，毕竟不断地更新自己需要勇气和时间。

对于一个甘愿平庸的人来说，产生这样的想法没什么关系。但对于一个还想要在职场中有所作为的人来说，千万不能有这样的想法，因为这样的想法一旦产生，你就会无法再实现自己远大的职业理想了。

一个人一旦满足于现在所拥有的成就，那么他就失去了前进的动力，不再追求更高的目标。而在竞争如此激烈的社会当中，不前进就意味着后退，随时有被别人赶超的危险。

美国著名的指挥家沃尔特·达姆罗施20多岁就当上了乐队的指挥。就在他认为自己的才华举世无双，没人有比他强，有些飘飘然之际，他在一次排练中忘记了带指挥棒，正准备派人回家去取，秘书说："不必了吧，向乐队其他人借一根不就可以了吗？"

沃尔特·达姆罗施觉得秘书真是糊涂，乐队只有他一个指挥，除了他会带指挥棒，还有谁会带指挥棒呢？结果让沃尔特·达姆罗施很是意外，秘书的话音刚落，大提琴手、小提琴手和钢琴手就各掏出了一根指挥棒。

那场演奏让沃尔特·达姆罗施突然醒悟了，原来自己并不是什么不可取代的人物，在他看不见的地方，很多人都在暗自努力着，想要将他取而代之。

因此，从那以后，沃尔特·达姆罗施再也不敢偷懒和膨胀了，他不断地学习着新的知识充实自己，不断地练习着，让自己的指挥更加完美无缺。

我们平时常说："知足者常乐。"这句话用在生活中，能够平衡人的心态，让人多一些快乐，少一些纠结。但如果用在工作中，却意味着不思进取。进入职场中，首先要让自己学着做好当下的工作，取得了一定的成绩后，就要继续向前迈进，图谋更好的发展空间。

球王贝利在一次接受采访时，被记者问道："您踢进了那么多球，最使您难忘是哪一个？"

贝利的回答是："下一个。"

一个人只有敢于不断地淘汰掉今天的自己，才能不断地朝着新的目标前进，这是球王贝利成功的重要原因。

空的杯子才能装水，清除了缓存，电脑才能运行得更加流畅。要想自己容纳更多新的内容，就需懂得及时将旧的内容清空。一名优秀的员工，必定是一个对自己有着更高要求的员工，他们不会满足于现在的自己。正如一位哲人所说："人是唯一一种有多种发展可能性的动物。"也许你现在很平凡，所做的工作也很平凡，又或许你现在所处的位置十分显赫，拥有的薪水也很可观，老板对你也十分器重，但是这些都仅仅局限于现在，而不是将来。

纵观人类的进步史，其实就是一部活生生的竞争史，这是一个很残酷的现实，不仅仅存在于动物界。有时候，人类社会的竞争比动物界更残忍。物竞天择，适者生存。这在任何时候，都是一条不变的法则。你不与别人竞争，并不意味着别人不会与你竞争；你不淘汰别人，就会被别人淘汰。

杨澜自出道至今，在众人面前谱写了一段成功女性的佳话。

进入中央电视台做主持人后，杨澜凭借着姣好的外形，优雅的谈吐和过人的职业素养，很快就得到了全国人民的喜爱。可是就在她最火的时候，她毅然放弃了《正大综艺》主持人的位子，选择出国留学。对于一个时常活跃在电视中的人而言，她从电视上消失，就意味着她可能会被观众遗忘，也就意味着她再归来时，无法再重现曾经的辉煌。

但是杨澜认为，比起"红"，让自己的职业生涯走得更远更为重要，如果她满足于现在的状态，那么迟早有一天会有比她更年轻更漂亮的主持人来取代她。学成归来后，杨澜再一次投入到了自己的事业当中。

现在的她不但担任着阳光媒体集团主席和阳光文化基金会主席，还以部分换股、部分现金的方式获得了新浪16%的股权，坐上新浪第一大股东的交椅。她不再仅仅是主持人，她还是企业家、慈善家、作家、媒体人，一个成功者所拥有的一切，杨澜都拥有了，就连她自己都说："我觉得不可能再做任何比现在更好的选择。"

一个人敢于推翻已经十分优秀的自己，实在是勇气可嘉，这就是杨澜的可贵之处，她能够不被已经具备的光环所限制，不断对自己提出更高的要求，然后竭尽全力去接近这个目标，从而一步一步地走到了人生的最辉煌处。

拿破仑曾经说过："不想当将军的士兵不是好士兵。"在职场中，不想当CEO的员工不是好员工。企业的进步需要有野心的员工来推动，更多的成绩和业绩需要那些不断超越自我的员工来创造。只有一边干一边淘汰自己，才能超越平庸，成为老板眼中最具有潜力的人。

## 学习的最终目的是更好地干

英国著名的哲学家培根曾经说过:"知识就是力量。"其实这并不是指知识的本身有力量,而是指知识被转化为执行力的时候,就具备了强大的力量。

著名创业学者李开复曾经说过,最重要的学习方法是尽量与实际结合起来,不能只"学"不"用",而是将知识灵活地运用于生活和实践中。学习的目的是什么?不同的人会有不同的答案,但"学以致用"是大家共同的回答。与实际相结合,将学到的知识运用到生活和工作中,这才是学习的原动力。

在职场中也是这个道理,不管你拥有多么渊博的知识,如果不能够学以致用,无法将这些知识转化为能力和执行力的话,那么你只是一个纸上谈兵的人,最终是不会取得更大的成就的。

马谡是三国时期一位十分有争议的人物,刘备说他"言过其实,不可大用",但诸葛亮却说他"旷世奇才,举世难得"。马谡确实是一名难得的军事人才,但同时他也是理论多过于实践,空有一肚子才华却没有办法运用到实际当中,这也是为什么刘备说他"言过其实,不可大用"的原因。

226年,是魏国政权交接之际,这对已经休养生息数年的蜀汉来说,是北伐的好时机。诸葛亮对"一统天下,恢复汉室"的前景志在必得,调遣了十万大军,派赵云、邓芝率一万军马设疑兵,牵制曹军的主力部队,而自己则率领大军从另外一条路线出发。

这招声东击西,令没有准备的曹军仓促应战,屡战屡败,而蜀汉则势如破竹般,连连得胜。最后,曹军派出了名将张郃带兵退敌,诸葛亮立刻命马谡带兵在战略要地街亭防御张郃的进攻。

当时,许多人劝说诸葛亮,换个老将来守街亭,但是诸葛亮认为马谡才能过人,一定能够胜任此事,便坚持自己的想法。同时,诸葛亮对马谡说:"到了街亭,你只要带兵当道扎营就可以。"

可是,当马谡到了街亭后,发现街亭两边都是山,中间是开阔的河谷,而城池破败不堪。根据马谡所学到的知识,他认为对方是兵力几倍于己的骑兵，如果自己就在这样的城池内安营扎寨，那么结果是必死无疑。

于是马谡违背了诸葛亮的命令，他带着部队上了山，想要在山中与张郃一战。张郃来到后，发现马谡带着兵上山了，并没有急着追上去，而是包围了整座山，并切断了山上的水源。没有了水源的马谡就被张郃击打得士卒四散，溃不成军。

最后还是王平命自己所领的军队鸣鼓自守，令张郃怀疑有伏兵，不敢再进逼，马谡才得以有机会逃脱。但是街亭已失守，这令诸葛亮失去了重要的据点，不但无法再继续进攻，还令整个蜀国就处在危险中，人心惶惶。为了安抚朝野上下，诸葛亮不得不挥泪斩马谡。

能够得到诸葛亮赏识的人，必定不是等闲之辈，但是空有理论，却不懂得如何实践，无论是在军事上，还是在职场中，都是一大忌讳。如果说知识就像是酒柜子里的好酒，那么对于不会学以致用的人来说，他可能有很多酒，并且还很名贵，可是当他需要的时候，他却不知道从哪里拿，所有的酒都是一团糟。而对懂得学以致用的人来说，他的酒不一定很名贵，也不需要有很多，只需要他知道它们在什么地方，需要的时候随时可以拿出来。

华人首富李嘉诚在谈及自己的成功经验时，曾说道："我的成功就是靠学习、不断地学习，并把所学的东西充分地应用到实践中。"据悉，李嘉诚非常喜欢读书，小说、文学、历史、哲学、经济、科技方面的书他都爱读，更重要的是，他还能够将自己所学到的这些知识全部运用到自己的工作当中。

在职场中，一名优秀的员工，既要会"学以致用"，更要"用以致学"，也就是要做到"干什么、学什么"。有人说过一句有哲理的话："你学什么不一定干什么，但干什么必须学什么"，这句话我们可以理解为"学什么不一定干什么"，而"干什么必须学什么"。

第二次世界大战爆发后，里甘参军加入美国海军陆战队。战争结束后，毕业于哈佛大学的他在华尔街的美林证券找到了一份工作。虽说在学生时期里甘的成绩就很不错，后来当兵以后，他的表现也很优秀，但是进入到新的工作岗位后，他发现自己需要学习的东西太多了。

虽然毕业于名校，但是里甘并没有准备吃"老本"，他每天边工作边学习，并且把学到的东西很快应用到自己的工作中。然后通过工作的成果来检验自己的学习效果，一旦工作中遇到了无法解决的问题，他就会再次投入到学习当中。就这样，里甘通过不断学习，逐渐提高了自身的能力。很快，他就具有了广博的证券经济知识，诸如：多少种类的证券及利弊，各证券之间如何转换，能反映股票价格升降的"价格指数"是什么……

可以说，在整个华尔街，没有人比里甘更加了解美国的股票市场，似乎整个华尔街都在里甘的控制之下，他成了金融界里拥有众多财力的大人物。因为在业务上的精通，里甘后来成了美国财政部部长及白宫办公厅主任。

在里甘出担任美国财政部部长后，他也没有停下学习的脚步，以前他学习财经知识，当了部长以后，他还要学习如何管理财政，学习怎样做才能让整个国家的经济发展得更快。后来他施行了税收改革，这项举措给美国经济发展带来了巨大的推动作用。

"立身百行，以学为基"，在这个知识经济的时代，对一个人来讲，最不幸的是知识的缺乏，而不是金钱的匮乏，因为你永远也赚不到你认知以外的金钱。如果你想在竞争激烈的职场中胜出，那么除了一直学习，你别无选择，因为只有不断从工作中增长新的技能，才能支持你走向成功的道路。

## 学习，会让你越来越"精业"

随着社会的发展，各行各业的分工越来越细化。根据统计，中国目前存在将近两千种职业，并且还有逐年增加的趋势。而分工越来越细，专业化程度越来越高，就使得每一个行业对那些拥有专业技能、掌握先进技术的人才求贤若渴。

但在职场中，很多人会觉得只要完成了老板交付的任务就可以了，没有必要想那么多，更没有必要把自己的业余时间拿出来、花多余的精力去学习，做这种没有报酬、老板也看不到的事情。

这样想的人，不知道他有没有想过，如果有一天机会放在他面前，他是否有能力抓住？有没有想过，升职加薪这些事情，是否能够落在他的手上。

职场当中，但凡有些上进心的人，对待自己的职业生涯都有着无限的憧憬，没有人甘愿一辈子做一名小职员，谁都希望自己有朝一日能够俯瞰群雄，但前提是你得有足够的能力，来匹配自己这份事业心。这就要求我们在进入职场后，还需要在自己的专业领域里不停地学习，提升自己的专业能力。

陈强只是一位普通的出租车司机，但是在整个台湾地区的出租车行业里，他的月收入是其他司机的好几倍。大家同时出车，同在一个城市拉活，又同时收车，为什么差别就这么大呢？

原因就在于陈强对自己从来没有满足过。对于司机而言，熟悉道路，开车技术过关就已经合格了，再好一点的，能够做到车内一尘不染。但陈强不一样，他除了具备以上司机必备的能力外，他在制定路线的时候，还会综合考虑每天的天气、上下班时间、用餐时间、节假日等多种因素。

比如星期一到星期五的早晨，他会先去民生东路，那里都是一些比较高档的小区，搭车上班的人也比较多。9点钟的时候，他会在各大饭店来回穿梭，这个时间多数人已经吃过早饭，出差办事和游玩的人都该出发了，由于对环境不熟悉，所以出租车是最多也是最佳的选择。

午饭前，他会等在一些大型的写字楼旁边，这个时间里有很多上班族要外出吃饭，又因为中午休息的时间较短，这些人为了方便快捷，多数都会搭乘出租车。午饭过后，他又会等在餐厅比较密集的街区，因为刚吃完饭的人，着急赶回公司上班。

下午2点左右，他则在银行附近徘徊，除去一半存钱的人，还是有一半取钱的人，这些人因为携带大量现金，为了安全起见，一般不会去挤公交，大多数会选择打车，所以载客的概率比较高。下午6点钟，是下班的高峰期，市区开始堵车，他便去机场、火车站或者郊区搭载乘客。

晚饭后，他会去那些生意火爆的大饭店，接送那些喝酒吃饭的顾客。然后，他自己吃饭、休息一会，等在休闲娱乐场所门口……

这并不是陈强天生的策划能力，而是他经过不断的观察和学习才得到的能力。为了制定好每天行车的路线，陈强利用业余时间时刻关注着这个城市里发生的一切。

其他的出租车司机，十分羡慕陈强的收入，但是他们却没能静下心好好钻研一番。他们不懂得，想要在职场立于不败之地，就要将自己的能力提升到别人无法达到的地步，这是要付出时间和精力去学习的。

无论你从事着哪种行业，只要你能够做到精通一项工作，能够做得比所有人都好，那么，你最终就能在此方面有所成就，让自己成为企业里不可或缺的人。倘若世界上每一个人都需要你，那么你就是世界上最伟大的、最不可或缺的人。

## 不断学习，不断进步

现实中很多员工都觉得，自己在一个岗位上工作了很多年，就拥有了与社会抗衡的底气，认为自己有经验傍身，就不愁没有饭吃。但现实却是，重复同样的工作十年，和拥有十年的工作经验，是完全不同的两个概念。

前者只是用同样的技能应付了工作十年，最初的他是什么样，最后的他仍是什么样；而后者则是在十年间不断积累自己的经验，提高自己的技能，十年后的他不再是十年前的他。而我们想要跟上时代的脚步，就需要不断地学习，不断地更新自己。

欧内斯特·塞克斯是华盛顿大学脑外科手术室能力最卓越

的医生，他的医术高超，不少病人为了找他手术甚至千里迢迢赶来也在所不惜。

其实在很多年前，欧内斯特·塞克斯的能力并不出众，在一众实习生当中，他算不上是天才般的存在，身边不乏比他资质更好，能力更强的医生。那他是靠什么逆袭成功的呢？那就是学习。

因为在医院见过了太多因为医生无能为力而失去生命的脑瘤病人，欧内斯特·塞克斯感到痛苦不已，于是他下定决心一定要攻克这个难题，但是那时世界范围内都没有治愈脑瘤的案例。

为了学习到最好的医疗技术，欧内斯特·塞克斯自掏腰包跑到了德国，因为德国有一批世界顶级的脑外科专家，很多人都觉得欧内斯特·塞克斯这样做不值得，因为长达半年的学习会耽误他挣很多钱，也许还会错失很多机会，而且还不一定能够学到真正的外科手术技术。但他认为不管结果怎样，能够跟顶级的医疗专家在一起学习，总比自己闭门造车要强得多。

半年后，欧内斯特·塞克斯回到了美国，在众人的质疑声中，他坚决要求治疗脑瘤。结果脑瘤真的在他反复的研究中，成了可以治愈的疾病，解决了世界性的难题。

作为员工的你，若是整天待在公司里，无所事事，没有坚持学习，也没有在工作中学习，那么小心你的地位会在老板心中缩水，即使你曾经是公司元老级的员工,就算你的学历高,老板可能会为了公司的利益将你降级使用。

这是个不断变化的世界,如果你把自己看成是静态的,那就有些太落伍了。事实上,人随着时间的推移,也是在不断变化的。尽管有时候这种变化是被动的,但是这也是人为适应环境所作出的本能反应。

我们如果能够主动积极地去接受这种变化,那就能够做到不断地学习。这个世界上没有天生的王者,每一个在事业上有所建树的人,都需要经历这样一个从无到有、从有到多、从多到优的过程。

> 杨晔原本是一名银行的柜员,从毕业那天起,她的梦想就是找一份稳定的工作,然后结婚生子,过完安稳的一生。那时候的她,永远也想不到,自己有一天会选择辞掉这份安稳的工作。或者说,杨晔辞职多多少少有一些被现实"逼迫"的成分在其中。
>
> 这些年,银行受到线上支付的冲击,行业十分萧条。原本熙熙攘攘的银行,现在总是冷冷清清。偶尔来几个人,还会采取自助机器办理业务。
>
> 因为业务少,银行只能裁掉一部分员工。还有的员工因为工资不涨,但物价飞涨的原因,自己选择了离职。看着身边越来越少的同事,一直向往着安逸的杨晔开始有了危机感,她审视了一下,发现自己除了给客户办理业务和熟练的点钞技

能外，她竟然一无是处。杨晔忍不住想：如果有一天银行倒闭了，自己又该何去何从呢？

这个想法将杨晔吓了一跳，但同时也让她明白：再这样下去，只能是"死路"一条。于是，杨晔开启了白天上班，晚上熬夜加班学习的生活。在杨晔的努力下，她考过了MBA。

在拿到MBA证书的那一刻，之前一直萦绕在杨晔心中的不安感，终于消失了。后来很长一段时间内，杨晔依旧从事着柜员的工作。但是当银行开始进行人事选拔时，杨晔成了最先被考虑升职的对象。

俗话说得好："人无千日好，花无百日红。"社会前进的主旋律是而且必须是残酷而惨烈的竞争，在这场竞争中我们只有两个选择：留下来或者滚出去。想要在职场上走得更远，就得活到老，学到老，让自己储备着取之不尽用之不竭的知识。

只有不断地学习，不断地进步，才能适应这个社会的节奏，才能让自己的能力不断地得到提升，从而才能获得成长和进步。

## 竭尽全力，去靠近更优秀的人

在与人交往的过程中，每个人都渴望得到他人的认可，渴望被欣赏、被赞扬。因此，很多时候，我们并不愿意去接近比自己更优秀的人，因为那会让我们感到自卑，生发出"我不够好""我很失败"这样负面的情绪。相反，我们会愿意跟那些不如我们的人在一起，因为这样自己的优越感就会变得明显。

但不要忘了，有句话说"近朱者赤，近墨者黑"，这句话出自《太子少傅箴》，意思为：靠着朱砂的变红，靠着墨的变黑。比喻接近好人可以使人变好，接近坏人可以使人变坏。同样的道理，在职场中，你总是和比自己优秀的人接触，那么你也会变得越来越优秀；但如果你总是与不如自己的人接触，那么你的优秀也会逐渐变得平庸。

所以，那些认识到在职场中就需要不停地学习的人，总是会想尽一切办法，让自己距离那些优秀的人更近一些。

何川，"插坐学院"的创始人，身家超过两亿。作为一名影响了250万人的职业导师，何川的成功秘诀之一，便是"接近更优秀的人"。

大学毕业后，何川在一家事业单位工作，月薪两千元，那时候的他为了节省开支，与人合租一间租金只有300元的半地下室。身边的人，大多都是拿着不高的月薪混日子的人，最大的愿望，就是攒够了钱，买一栋房子，老婆孩子热炕头地过一辈子。

而这样的日子，不是何川想要的生活。于是何川毅然决然地辞掉了别人眼中的"好工作"，来到了深圳，入职了华润，月薪比之前一下翻了三倍多。而在何川看来，月薪的增长并不是最重要的，最重要的是，在华润他开阔了自己的视野，拥有了更多的资源，他带着一颗谦逊的心，不放过任何一个可以学习的机会。

在这期间，何川将自己学习后产生的思考，写进了一篇文章里，这篇文章经过互联网的发酵，被正和岛创始人看到了，正和岛的创始人极力邀请何川到他的公司工作。与此同时，一家央企也向何川抛出了橄榄枝，并且薪水比正和岛高出了整整一万元。

一边是正在迅速发展的创业型新公司正和岛，另一边是实力雄厚的铁饭碗央企，任谁都会选择后者而放弃前者，但是何川却选择了前者，因为在正和岛，何川更有机会接触到比他更优秀的人。

古人曾云："读万卷书，行万里路，不如与成功者同步。"比起丰厚的月薪，何川更想要与成功者同步。结果正如他所愿，何川在正和岛接触到了更多优秀的成功人士。比如：联想集团的创始人柳传志先生，万科集团的创始人王石先生，新东方教育的创始人俞敏洪先生……

在与这些优秀的创业者接触的过程当中，何川就像是一棵茁壮成长的小草，贪婪地吸收着这些"土壤"带给他的各种"养分"。其中，何川学到了一条让他终身受用的职场思维——在职场中，重要的不是展示能力，而是经营信任。

后来，何川打算自己创业，这时一家公司的老板极力邀请何川去他的公司里做高管，面对老板的真诚邀请，何川只答应用三个月的时间帮助这个老板梳理工作，三个月之后，何川就会离开，创立自己的公司。

在这三个月期间，何川赢得了这位老板的充分信任，因此在何川离职后，这位老板给准备独自创业的何川打了100万元，作为投资。不久之后，这位老板又说服了自己的朋友，给何川投资了50万。

有了这笔创业的启动资金，何川的公司很快成立了，市场估值1000万。

或许，初入职场时的何川，就像是此刻在职场中的你我他一样，但何川的与众不同之处在于，他愿意不遗余力地去接触比自己更加优秀的人，努力去靠近，用心去学习，然后将优秀者的优秀基因移植到自己身上，让自己成为比优秀者更加优秀的人。

看到这里，也许有人会想：我的身边没有那么多优秀的成功人士，这辈子恐怕也见不到柳传志、俞敏洪那样的人物一面。如果这样想，那就大错特错了。优秀的人遍地都是，不然孔老夫子也不会发出"三人行，必有我师焉"这样的感叹。

连孔子这样的大学者都能在三个人中找到一个人作为自己的老师，就不要说平凡如我们。事实上，只要我们用欣赏的眼光去看待我们身边的每一个人，就会发现，大部分人的身上都拥有着这样或是那样的优秀品质，值得我们去学习。

优秀的同事值得我们学习。每个人身上都有优点，同事也是如此，他们或许在工作技能上强于我们，或许在工作技术上强于我们。向同事学习，就能够吸取他人的长处，弥补自己的短处，对我们的工作会产生极大的帮助。

优秀的对手值得我们学习。古人云："以铜为鉴，可以正衣冠；以古为鉴，可以知兴替；以人为鉴，可以明得失。"竞争对手就像是我们面前的一面镜子，能够照到自己，让我们认识到自己的不足，哪里还需要继续学习。因此，一个人不能没有对手，对手不光是我们奋斗的目标，还是我们学习的对象。

优秀的领导值得我们学习。领导不只是因为年龄比我们大，工作比我们早才被称为前辈，一个人能够坐上领导的位置，自然有他的过人之处。我们跑了七八趟搞不定的事，那个看似天天坐办公室喝茶的人一个电话就解决了；我们得意的策划还只是形成于纸上，那个安静听我们演讲的人已经在思考如何弥补执行后可能造成的漏洞。所以在没有足够真实的实力之前，多看、多问、多学才是最重要的事情。

用心去接近更优秀的人，学习别人的优点，你就会变得越来越优秀。而优秀的你，也将吸引更多优秀的人向你靠拢，当你的身边触手可及的都是优秀的人才时，你真的是想不变得强大都不行了。

## 第六章
## CHAPTER 6

# 善谋干：

## 想要干出色，就要懂创新

## 拿出干劲儿，使劲折腾

在职场中有两种人，一种是懒惰的人，或者叫安于现状的人，他们满足于稳定的生活和尚可的工作现状，因此不愿意再发愤图强；而另一种人是不安分的人，他们不满足现状，总是在思考如何改变现状，使稳定的状态不再一成不变地继续下去。他们的想法是：人类的生活是在不断地创新中发展的。

所以，即便有时候他们的生活在其他人看来已经足够好了，可以不必再奋斗了，但是他们仍旧不满足于现状，使劲儿地折腾，一刻也不停地向前探索着。

1987年的雷军，还是武汉大学的一名大一新生，一个偶然的机会，雷军读到了《硅谷之火》这本书，从而了解到了乔布斯等人创业的故事，这些名人的事迹，让雷军的心中点起了一团炙热的火焰，他激动得好几个晚上都睡不着觉，在体育场上走了一遍又一遍，他反复地琢磨，最终作出决定，将来要成为一个伟大的人。

为了成为伟大的人，雷军将原本午睡的时间用来学习，只用了两年的时间便学完了他所在专业的所有课程，然后他开始疯狂地学习编程技术。在这期间，他不仅拿遍了学校所有类型的奖学金，还两次获得湖北省大学生科研成果的一等奖。

因为成绩优异，雷军毕业后就被分配到了航天部的一个研究所内，但是面对这份人人艳羡的工作，雷军却感到十分苦闷，因为他觉得自己的梦想不在于此。

于是，雷军选择了辞职，来到了一家互联网公司——金山软件公司，在金山工作了仅仅六年，雷军就坐上了金山总经理的位置。可是当金山上市，发展前途一片大好之际，雷军却再次选择了辞职，因为他发现金山所处的这个行业，不可能做出很大的规模，而他就像是一个站错了跑道的选手，自己还有很多余地可以发挥，但是这条跑道却已经到终点了。

这一次辞职后，雷军没有急着再次投入到工作中，而是选择过起了悠闲自在的生活，顺便做做天使投资。由于眼光好，雷军投资的项目都得到了很好的发展。

这样的日子没过多久，雷军就再次坐不住了，心里的那团火让他寝食难安。他反复琢磨过后，再次折腾了起来，四处寻找能够承载他梦想的风口，终于他将目标锁定在了移动互联网上。

雷军决定创办小米，哪怕是倾家荡产，也在所不惜。最后的事实证明，善于折腾的人，结局都不会太差。雷军现在已经成了家喻户晓的人物，如果当初的他满足于做做投资就能挣钱花的悠闲日子，那么今天的互联网行业中，就不会有雷军这个人了。

一位著名的成功大师说："有胆识的人，无法容忍自己不去思考。"只要人类不断地思考，新的事物新的思维就会出现。有的人说："我不够幸运，没有机会去创新。"其实，这只是懒惰的人为自己辩解的借口。机会是什么？一个无所事事，不懂思考，不敢折腾的人，永远不知道机会在哪里。

丹麦医师芬森在家里休假的时候，看到了一只患有皮肤病的猫在屋顶晒太阳，并且还会跟着太阳的移动变换自己的位置。由此，芬森推断出了阳光里含有紫外线和热量，猫正在通过晒太阳的方式进行自我治疗。受到这一现象的启发，芬森发明了专门用来治疗皮肤病的紫外线治疗仪，并且获得了诺贝尔医学奖。

我们能说芬森仅仅是因为幸运，所以才取得如此成就吗？当然不是了，更重要的是芬森没有因为休假就停止了对医学研究的思考。现实生活中总是有一些极具天赋的人，但是却只做一些平凡的事情，追根究底，就是在于他们从未意识到自己可以改变。不是每一个人都会有一把通往成功之路的钥匙的，任何人只要安于现状，不思进取，成功就永远也不会找上门。

人只有不满足于现在的状态，才会产生前进的动力，才会想方设法去改变自己。创新的原动力就来自于不满足现在的状态，只有这样，才能看到更高更远的目标，才能让你不愿停下前进的脚步。

重庆小天鹅火锅店创始于1982年，由廖长光、何永智夫妇创办。最开始的时候，店里只有三张桌子，三个月后才实现了第一次盈利，一天挣了70元。第二年，这个只有三张桌子的小火锅店扩大了经营面积，生意日渐红火了起来。

到了1988年，小天鹅已经赚下了10万元，在那个年代，这可是一笔巨款。廖长光和何永智可以守着这笔钱过上自在的小日子，不需要再努力地奔波了。但是廖长光和何永智并不满足于此，同年，他们在重庆开办了一家火锅大酒店，还根据异国情调设计了风格各异的火锅包房，实现了首先将火锅从街边大排档向高档大酒店的转变。

这一次改革，让小天鹅仅仅用了一年的时间，就净赚了100万。到了1994年，小天鹅开启了新的经营模式，在各地开办连锁店。如果廖长光和何永智只是满足于最开始的那一点成功，那么他们的火锅店永远开不到全国各地，永远只是街边的大排档。

一旦你认定了自己已经到达了人生的巅峰，到达了人生的极限，那么你此生就不会再有更大的成就了。安于现状会让你永远都成不了大事，永远都无法取得卓越的成绩。当然，不安于现状并不是让我们放下手中的工作，专门去找一些惊天动地的大事去做，而是要求我们做好手中的每一件事情，然后再去追求更高的目标，让自己从合格到优秀，再从优秀到卓越。

## 创新力，就是你的竞争力

在工作中，有许多员工抱着坚守岗位的态度，一切因循守旧，缺少创新精神，认为创新是老板、上司的事，与自己无关，自己只要把分内的工作做好即可。

如果你也这样想，那你就离被淘汰不远了。想要将工作做好，仅仅是循规蹈矩还不够。《孙子兵法》中说："兵无常势，水无常形。"战场上没有不变的对手，职场中也没有永恒不变的环境，尤其是在当下商业环境日新月异的情况下，今天的成功经验，在明天可能就变成了失败的教训。公司想要生存，就要不断求变，而员工想要不被淘汰，就要跟着职场环境的改变而改变。

纵观那些世界500强的企业，每家公司所从事的工作特点和领域都有所不同，因此在招聘人才时，也会有所侧重。但是在对新员工进行考核时，有一点却不谋而合，那就是喜欢聘用拥有无限创意的人。

在美国加州圣地亚哥市，有一家老牌饭店——柯特大饭店。随着经济的发展，柯特大饭店的生意越来越好，客流量越来越大，这就导致原先配套设计的电梯由于过于狭小老旧，无法为顾客提供更好的服务。

于是，老板打算改建一下电梯，为此花了重金请来了全国一流的建筑师和工程师，请他们一起商讨改建计划。建筑师和工程师在饭店内考察了许久后，得出了一个结论：饭店现在的电梯太老旧了，无法再进行改建，只能重新换一台大电梯，但是这样的话，饭店就需要关闭数月。

这显然不是老板期望的结局，只见老板眉头紧锁地问道："必须要停止营业吗？那会造成很大的经济损失。"

"必须要这样，这已经是我们想出的最好的方案了。"建筑师和工程师异口同声地回答说。

这时，一直在饭店负责清洁工作的员工刚好路过，听到了建筑师和工程师的话，再看看满脸愁容的老板，清洁工人开口说道："为什么不把电梯装到饭店外面呢？"

清洁工人的话，就好像一道闪电般，使建筑师和工程师的灵感一激，他们不可思议地望着清洁工说："以前从来没有人把电梯装在外面过，我们怎么没有想到这个好主意呢？"

受到了清洁工人的启发后，很快一部室外电梯就装好了，并成了建筑史上的第一部室外电梯。

牛顿通过苹果落地的自然现象发现了万有引力，而瓦特受到水壶在炉子上烧水时，壶盖被水蒸气顶起的启发发明了蒸汽机。苹果与万有引力、水壶盖与蒸汽机，在一般人看来是风马牛不相及的事物，牛顿和瓦特却能够从这些不同的事物中揭露客观事物的本质及其内部联系，并且在此基础上得出新颖且有价值的科学理论和发明，这就是勇于创新的成果。

很多事情，不是别人怎么做，我们就一定要怎么做；也不要因为过去都这样做，现在必须还要这样做。换一种思路，换一种方法，勇敢地去创新，你会发现结果可能会更好。这就要求我们要不断学习新知识，接受新事物，唯有摆脱束缚思维的固有模式，才能在工作中激发出更多的创新力。

日本制造的西铁城手表，无论是从外观上，还是从性能上，都能达到世界一流的水平，但是当时的市场几乎被历史悠久的瑞士手表垄断了，想要在这种情况下打开自己的市场，这并不是一件容易的事情。经历了连续亏损后，西铁城公司专门召开了一次高层会议来商量对策。

大部分人寄希望于广告商，认为只要扩大宣传，多多在电视台的黄金时间段插播广告，就能以铺天盖地之势，给消费者们留下印象，这样在他们购买手表时，就可以率先想到"西铁城"这三个字。

这个主意虽然不错，但是面对已经泛滥的广告宣传，谁又能保证消费者一定会注意到西铁城的广告呢？况且大量的广告宣传，可不是一笔小数目。对此，又有人提出，可以在观众面前表演破坏实验，当着观众的面对手表进行破坏，以此来证明手表的良好性能，以此获得消费者的信任。还有人提出，可以采取奖励性的措施，将西铁城手表当作奖品，这样可以使手表迅速推向市场。

但是这样想法都有先例，甚至有的已经被消费者见怪不怪了。最后，终于有人提出了一个史无前例的想法，那就是用直升机在某地抛下一批西铁城手表，谁捡到了就归谁。

当这个消息经过新闻媒介发出后，立刻引起了大家的注意，到了指定的那天，大家纷纷来到大街上等待着。只见一架直升机飞到了人们的上空，盘旋片刻后，便撒下了一片"手表雨"。等待已久的人们，立刻蜂拥而上，纷纷争抢。由于抛下的手表数量足够多，所以几乎人人都有所获。

就在大家都在为自己抢到手表兴奋不已的时候，更让大家惊喜的事情到来了。人们发现虽然手表是从上百米的高空抛下的，但是手表依旧走得十分准确，甚至连外包装盒都没有损坏。

一时间，西铁城手表制作精良，持久耐用的形象，深入了人心。由于当天还有电视台对此事进行转播，那些没有抢到手表的人，对手表产生了浓厚的兴趣。就这样，原本滞销的西铁城手表，一下子在市场上打开了销路。

只有在工作中务求创新，才能有所突。爱因斯坦说过："人是靠大脑来解决一切问题的。只要每个人都能够主动去创新，相信一定能够找到更多更好解决问题的方法。"

每个企业老板都喜欢能够创新的员工，因为创新能力和创造力是企业能够不断突破、不断前进的永恒动力。身处在这个竞争激烈的时代，面对着新的历史使命和发展机遇，创新意识已经是优秀员工不可缺少的能力之一了，只有走在不断创新的道路上，才能请确保将工作完成得更好，才能一直走在"上坡路"上。

# 干得舒适，就离灭亡不远了

有一个大家非常熟悉的试验，叫"温水煮青蛙"。如果把青蛙放在开水里，青蛙会迅速跳出来，但如果把青蛙放在冷水中慢慢加热，青蛙就会感到很舒服，直到最后被烫死。这个实验告诉我们一个很浅显的道理：让你满足、舒适的环境，往往正是导致你失败的原因。

如果我们是实验中的那只青蛙，那职场中这样的"温水"随处可见。舒适的工作条件，程式化的思维，一成不变的固定工作习惯等，这些都很容易使人保持一种意识上的平衡，使人陷入墨守成规、安于现状、屈于规范、不思改变的状态中。然后接下来等待我们的，就是青蛙一样的结局，被温水"烫死"。

所以，在职场中最可怕的不是失败，而是没有紧迫感和危机感。

对于未来，我们没有预知的能力，也不知道意外和明天谁会先来临，正因为如此，我们在职场中必须要具有危机意识。

有一则寓言故事，讲的是一只山猪每天都要在大树旁勤奋地磨獠牙。狐狸从旁边经过，好奇地问道："有猎人在追赶你吗？"

山猪说："没有啊。"

狐狸又问："那你遇到了什么危险吗？"

山猪回答："没有啊。"

狐狸不解，继续问道："那你这么费力地磨牙做什么？"

山猪停下磨牙的动作，说道："你想想看，一旦危险来临，哪有时间磨牙呀！现在磨好了，等到要用的时候就不会慌张了。"

还有一则寓言故事，讲的是动物们要举行一场联谊会，狐狸对驴说："你的嗓门最高，你来一首独唱吧。"

驴说："不行，不行，我唱歌很难听。"

狐狸又说："那你尝试一下做主持人，怎么样？"

驴说："不行，不行，我的形象不适合做主持人。"

狐狸无奈，问道："那你能干什么？"

驴说："我只会拉磨。"

狐狸只好说："那你就继续拉磨吧。"

联谊会上，动物们带来的精彩表演，纷纷得到了领导的赏识。而驴呢，什么也没有得到，没过多久，领导要裁员，驴成了第一个被裁掉的员工。

驴感到不服气，便问领导："我做错了什么？为什么要裁掉我？"

领导笑着说："你没做错什么，只是我们现在用机器拉磨了，不需要你了。而你除了拉磨外，又身无长处，所以只能裁掉你了。"

看完这两则寓言故事，你会是里面的谁呢？是居安思危的山猪？还是死于安乐的驴呢？心理学家说："每个人都有一个强大的'心理舒适区'，在这个区域内活动，我们会感到惬意和自在。"可是，人一旦在舒适区待久了，就会像"温水煮青蛙"一样，对目前的状况感到心安理得，得过且过，失去了学习新东西的干劲儿和热情，逐渐变得平庸，成为危机来临时的第一个牺牲品。

近年来，常传各企业裁员的消息，就连华为也在进行大规模裁员，预计华为要为此赔偿10亿元，而被裁者大多为34岁以上的员工。通常企业聘用新员工，都会有年龄限制，34岁已经超过了大部分企业的员工聘用年龄。也就是说，被华为裁员后，这些34岁以上的人员很难再找到合适的工作。

因此，有很多人认为华为老总任正非对待员工太过于苛刻了。对此，任正非回应说："一个公司想要长远的发展，企业的员工就不能太过于安逸，这样公司的氛围就会变得懒散，失去危机意识。而如今社会发展这么迅速，不具备狼性般的竞争，很容易被社会淘汰。"

这就解释了为什么华为裁员的员工大部分在34周岁以上，因为这个年龄段的员工进入职场已经有一段时间了，具备了大量的实践经验，与职场新人比起来，他们在处理工作时，能够做到游刃有余了，因此拿着一份还不错的收入。很多人便因此选择了"躺平"，满足于当下的生活，失去了前进的斗志，只求在当今的岗位上工作到退休。

这对于一个人来说，可能算不上什么危险，但是对于一个企业来说，当大部分员工都满足于现状毫无斗志时，那么等待它的就是灭亡。覆巢之下无完卵？公司都灭亡了，员工还有存活的余地吗？

在当今这个时代，所谓安逸的工作，已经离我们越来越远了。

社会每分每秒都在产生着巨大的改变，新鲜事物在不断涌出，时代要淘汰谁，也不会事先打个招呼，往往在你还沉浸在"舒适窝"里的时候，你已经被时代甩出十万八千里远了。

苏琴大学毕业没多久，就进入到自己心仪的公司里上班。公司离家不远，步行也就十几分钟的距离。工作也比较轻松，每个月三四千的工资，苏琴对此感到很满意。

有一天，上司的助理因病请假，导致没有人做excel表格来统计仓库商品的销售情况。上司临时指派苏琴来做这件事，完全不懂表格怎么做的苏琴只好临时找朋友帮忙。意识到自己不足之处的苏琴，认为自己应该学一学excel表格，为此还专门从网上买了课程来学习。

然而等这件事情过去以后，苏琴又觉得自己用不到excel了，更重要的是，她已经习惯了每天下班以后和朋友逛街，回家追剧的日子了，实在不想再浪费时间在"没用"的事情上。从网上买的课程，只学了一节课便放弃了。

再后来，上司的助理跳槽，这是一个升职的好机会，但是却没有落到苏琴的头上。更让苏琴郁闷的是，每年发年终奖的时候，别的同事都是几万几万地拿，只有她才拿到几千块。那些当初一起进公司的人，都得到不同程度地发展，只有苏琴一直在原地踏步。

古语云："生于忧患，死于安乐。"这个世界上没有绝对稳定的工作。你选择安逸，就要承受以后要吃的苦；你选择努力，要承受它带来的疼痛。如果你想要一直躺在"安乐窝"里，那么就先问问自己，当孩子想要出国留学时，你付得起高昂的学费吗？当父母生病时，你拿得出昂贵的医疗费吗？万一哪一天公司倒闭了，你离开了现在的"安乐窝"，你还能干些什么呢？

如果你无法面对这些问题，那你就要好好努力了，不论你是在国企上班，还是央企上班，还是私企上班，还是自己当老板，都要时时刻刻保持危机意识，提醒自己不要在舒适区迷失了前进的方向。

## 经验有时会束缚你的手脚

在固定的环境中工作时间长了，人会积累到丰富的工作经验。经验可以让我们更加高效和高速地解决日常工作中那些高度重复的问题，过去的以及现在的许多事实都证明了这一点。

很多企业招人，会在招聘启事上明确标出"有相关工作经验者优先录取"，经验也确实是一种优良的资源，使用得好，会带给我们无限的益处。但是若使用不当，还会影响到个人的发展。

"二战"时期，一个叫鲁尼的小伙子成了英国空军部队的后勤兵，负责战斗机的保养工作。而令他想不到的是，战机的座椅居然是用骆驼粪来保养的。骆驼粪刺鼻的恶臭味，让鲁尼感到痛苦不已，他实在想不通为什么要用骆驼粪来保养座椅，于是他便问战友道："为什么不用其他东西来代替呢？"

战友听闻，耸了耸肩膀，笑着说："这是经验，是规定。"

没过多久，曾经参加过"一战"的父亲到部队来探望鲁尼，看到鲁尼熟练地用骆驼粪擦拭座椅，便疑惑地问："你们怎么还用骆驼粪来养护皮革呢？"

鲁尼说："我也不知道为什么，只是听说这是老一辈人的经验，大家一直都这样做。"

父亲听罢，无奈地摇了摇头说："当年我们在北非的沙漠地区作战，大量的作战物资都需要用骆驼来运输，但是驾驭骆驼的皮具是用牛皮做的，骆驼只要闻到牛皮的味道就会赖着不走。于是就有人想到用骆驼粪涂抹在牛皮上，以此来掩盖牛皮的味道。果然，骆驼闻不到牛皮的味道后，就乖乖听人的话了。没想到，这都三十年过去了，这过时经验还被沿用到了飞机上，真是太可笑了。"

凡事都有两面性，经验也是这样，它可以成就一个人，也可以毁灭一个人。现代社会的分工越来越细致，掌握特殊技能的人也越来越多，同时经验性的人才也成长得越来越快，这本是一件好事，但是若是过于依赖经验，就容易产生惰性，把相似的问题看成是相同的问题，结果导致用相同的经验去处理不同的事情，这必然会遭遇失败。

王安是20世纪中期赫赫有名的华人企业家，比尔·盖茨曾说过，如果王安能够完成第二次战略转折，世界上可能不会有微软，而他也不会成为科技偶像，而是一名教师或者是律师。

能够得到比尔·盖茨如此评价的人，必定不简单。王安从小就是天才一般的人物，尤其是在应用物理学领域，有着很深的造诣。被IBM拒之门外后，王安发愤图强，在获得哈佛大学物理学博士后，加入了一个计算机研发的科研机构，并研发出计算机的核心存储部件，不但有效提高了计算机的存储能力，还轻松解决了电脑存储体积过于庞大的问题，使计算机领域有了划时代的变化。

随后王安把这项技术注册了专利，卖给了IBM公司，获得了人生中的第一桶金，然后用这第一桶金注册了自己的电脑公司，在之后的二十年里，王安不断研发进取，他的公司成了美国著名的电脑公司，他也成了美国知名的富豪和企业家，许多年轻人都将其视为偶像。

那时候王安认为，只要有王安这个牌子，电脑就不愁卖。因此，他渐渐停下了研发的脚步，可是当时高科技产品迎来了非常迅速的发展期，几乎年年都在更新换代，身边的人都在劝说王安，要跟紧时代的脚步，不能停止研发新品。

对于他人的意见，王安却没有听进去，在他看来他已经拥有了成功的经验，只要守着这些经验，就不会出错。因此王安一直坚持卖那些之前卖得比较好的电脑，运用的还是当年那些专利技术。

然而，市场是残酷的，它不会因为你之前有多么成功，就选择放过你。没过几年，王安的电脑就被市场淘汰了，又坚持了几年后，王安的公司宣布了倒闭。

经验是人们在发展过程中，在一定的情况下总结出来的，它反映了事物一定的发展规律，但是并不能代表全部规律，也不能代表不会改变。

企业是这样，个人也是这样，过分地遵循过去的老经验，就成了墨守成规，如果每个企业，每个人都这样，那么社会靠什么来进步呢？因此，我们在工作中要培养自己的求异思维和探求热情，培养自己做到不从众、不唯书、不唯师；敢于否认古人、名人，敢于认同自我、同伴，使自己挣脱思想的羁绊，敢于标新立异，主动灵活地工作。

西点军校教官本杰明·斯蒂克认为，在艰难的环境中，只有敢于突破既有的经验，才会让你绝处逢生。有时候，人之所以会陷入僵局，就是因为他们按部就班，没有运用创新思维。这个世界上，从来没有绝对的失败，有时候或许只是稍微调整一下思路，转变一下视角，摒弃陈旧的经验，往往就能转败为胜。

作为一名优秀的员工，既要能够掌握经验，又要学会辨别经验，利用经验，而不是被经验束缚住手脚。只有突破经验的束缚，才能达到一个新的高度。

## 变着法子干,别做工作中的愚公

在俄罗斯盛传着这样一句谚语:"巧干能捕雄狮,蛮干难捉蟋蟀。"这句话道出了一个非常普遍的真理——巧干远胜于蛮干,工作要讲究方法。

就好像《司马光砸缸》的故事,如果司马光一直执着于通过捞的方法来解救小伙伴,那么小伙伴恐怕早就一命呜呼了。还好司马光头脑灵活,懂得变通,想到了将水缸砸破的办法,小伙伴才得以保住了性命。

所以,当我们在工作中遇到了看似无法解决的问题时,先问一问自己:思路对吗?方法对吗?为什么越往前走"路"越窄呢?是不是钻进了牛角尖里了呢?

用过圆珠笔的人都知道,圆珠笔之所以能够写出字来,全依靠笔尖上的那颗"小圆珠",可是那颗小圆珠却极易被磨损,用的时间一长,笔尖就会出现磨损,从而出现漏墨的现象。墨水不但会将纸面弄脏,还会蹭到衣服上,并难以洗掉,使使用者十分狼狈,于是销量也渐渐低了下来。

为此,相当多的技术人员开始进行技术攻关,但是大部分人都将解决这个问题的思路放在了提高笔尖的坚固度上,例如:有人会用坚硬度最高的金刚石作为笔尖,可是金刚石的造价太高了,没有人会为了一支笔付出昂贵的代价。

只有一个日本人跟别人想得不一样,他没有研究笔尖,而是研究油墨。经过大量的实验,他发现普通的圆珠笔在书写15000字左右后,笔珠就会因为磨损而变小,一变小后就会出现漏墨的现象。

于是他把装在笔芯里的油墨控制在了能够写15000字的范围内,当笔珠因为磨损而逐渐变小的同时,笔芯里的油墨也刚刚好用完。

就这样,这个日本人完美地解决了圆珠笔漏墨的问题。

由此可见,解决问题时,要抓住问题的关键,不能死钻牛角尖。同样的问题,有时候用一种方法无法得到解决,那么换个思路,或许就找到有针对性解决问题的方法了。要知道,工作中没有一成不变的任务,处理不同的情况,需要因地制宜,作出不同的决策。一名优秀的员工，善于转换角度看待问题，不但会努力干，还会变着法子干，在对待一件事情时，从多个角度入手、变换思路、灵活思考，看看还有没有不同的做法，从而使得工作进行得更加顺利。

丹尼尔·凯西是一名律师，她曾接手过一起女孩儿被卡车卷入车下，导致四肢被截，骨盆被碾碎的案子，这个案子差一点就败诉了，但是却被她在最后的关头转败为胜。

为汽车公司辩护的律师名叫卡莱尔，当时女孩儿被卡车撞倒后，记不起当时被撞的细节，说不清自己是被冰滑倒掉入了车下，还是被车撞倒后卷入了车下。卡莱尔巧妙地利用了这一点，推翻了当时几名目击证人的证词，导致女孩儿败诉。

已经失去生活能力的女孩儿不得已求助了丹尼尔，丹尼尔没有将目光都集中在出车祸当天的情况上，而是调查了该汽车公司的产品近五年来发生的15次车祸，结果她发现所有车祸的原因都一样，就是该汽车的制动系统存在问题，当司机急刹车的时候，车子的尾部会打转，这就意味着有极大的可能会将受害者卷入到车底。

丹尼尔利用这一证据要求汽车公司赔偿受害女孩儿200万美元，否则就会提出控告。但是狡猾的卡莱尔当场答应了下来，但是却提出他有事情要去伦敦，一个星期后才能回来，到时候再一起商量出结果。

可是一个星期过去后，卡莱尔并没有露面。当她看到桌子上的日历时，丹尼尔才意识到自己上当了。原来丹尼尔故意去了伦敦，目的就是拖延时间，只要案子过了诉讼期，那么无论丹尼尔掌握多么有力的证据，都无法扭转局面了。而这一天就是诉讼的最后期限，还有三四个小时法院就要下班了。此时，按照正常程序准备一切，是无论如何也来不及了。

丹尼尔一方面为自己的疏忽感到自责，一方面绞尽了脑汁想办法。忽然，丹尼尔头脑中灵光一现，既然卡莱尔能够在时间上做文章，为什么自己不可以呢？要知道在美国，每往西移动一个时区，就可以差出整整一个小时的时间。

而该汽车公司在全国都有分公司，此时夏威夷与纽约整整差了5个小时，这个时间足够丹尼尔提起诉讼了。就这样，丹尼尔不但赢得了最后的官司，还为小女孩儿争取到了600万美元的赔偿金。

丹尼尔的故事给了我们很好的职场启示，即：穷则变，变则通，通则久，这也是《易经》中的至理名言。在工作中，最忌讳的就是一意孤行，明知不可为而为之，这不是坚持，而是愚蠢。只有能够灵活变通，才能够在面对工作中的问题时，找出解决的方法。

但值得注意的是，变着法子干是快速解决重大问题的创造能力，是迅速反应、灵活机敏的体现，是不墨守成规，随机应变的智慧，但它并不等同于投机取巧。在工作中，投机取巧固然能获得一时之便利，但是却无疑在心灵深处埋下了一颗定时炸弹，让我们以为凡事都可以走捷径耍小聪明，最终丢掉了自己的底线，这样终究会自掘坟墓，于人于己都是有百害而无一利的。

　　职场之中，适者生存，好的工作方法我们自然要坚守，但行不通的方法也要学会放弃。只有摆脱桎梏，才能换个角度、换种方式来审视自己，审视放下的形式，从而找到变通的方法，令工作得以更好地进行下去。

第七章

CHAPTER 7

# 会共事：

## 大家一起干，沟通最重要

## 谦卑让你赢得同事的信任

在职场中流传着这样一句话："高调做事，低调做人。"意思就是说，工作时要充分发挥自己的实力，做到最好最耀眼的程度；而与同事之间相处的时候，就要保持着谦卑的态度，这样才能与同事之间友好相处。

而有的人却恰恰相反，做事能力怎么样先放在一边，与同事相处的过程中，极尽炫耀，将牛皮吹得震天响，时常看不起这个，也看不起那个，总是一副高高在上的样子。一个人有优点就有缺点，只看自己的优点，成天夸耀自己，贬低别人，完全不将别人的自尊心放在眼里，这样的人在职场中怎么能受到欢迎呢？

齐欣毕业于名校，长得漂亮，头脑还灵活，更重要的是还特别会表达自己，老板非常赏识她，工作没几年她就升任为人事部的经理了，在这个职位上，她是公司有史以来最年轻的一位。

事业上的顺风顺水，让齐欣渐渐自命不凡起来。平日里大家聊天，齐欣聊着聊着，就会把话题引到自己身上来，将自己过往的那些成就悉数道来。有一次，办公室里的小李因为肚子不太舒服，一进公司就先去了卫生间。大家在收拾办公室时，见小李不在，就顺手帮小李把她的活也干了。等小李出来后，看着整洁的办公室，感到十分不好意思。齐欣见状，便对小李说："我说小李，你这工作态度可不行啊，想当年我肠胃炎，第二天来了公司脸都是惨白的，那也没让别人帮我干一下。咱们出来工作的，讲究的就是奉献精神，我要没有点奉献精神，经理能轮到我做吗？"

小李自知理亏，只能小声地为自己辩解道："齐经理，我今天真的是肚子不舒服，不是故意偷懒。"

齐欣听了，依旧不依不饶地说："不是故意偷懒就好，要是故意偷懒，那还了得？"

其他的同事赶紧出来打圆场，齐欣这才住了嘴。

还有一次，大家一起乘坐电梯，齐欣站在最里面，同办公室的同事站在了最外面。因此，进电梯时，同事只跟身边的人打了招呼，没有理会站在最里面的齐欣，这让齐欣感到十分不痛快。下了电梯后，齐欣看到那位同事后，便对人家说："你刚刚在电梯里没有看到我吗？都不跟我打个招呼？"

同事连忙解释说："人太多，所以没看到，不好意思。"

但齐欣就是觉得同事故意忽略她，白了对方一眼，说道："副总见了我，还热情地打个招呼呢！没想到你的眼睛比副总还高呢，可最后还不就只是个小职员！"

就这样，大家相处得久了，都觉得齐欣很虚伪，而且特别容易得罪人。但碍于她是老板身边的红人，老板只信任她，大家都不好说什么。所以大家只能尽量减少与她的交往，只有在关系到工作问题的时候，才会迫不得已地跟她交谈几句。

太高估自己的人，处处标榜自己的优点，看不起自己的同事，甚至出言嘲笑、戏谑他们，当然没有办法受到同事的欢迎。人喜欢表现自己是很正常的行为，特别是在职场当中，如果不善于表现自己，就无法得到他人的关注。但是，如果不分场合地表现自己，任何时候都以自己为中心，就会让人觉得轻浮与傲慢，容易引起其他同事的反感，最终的效果往往是事与愿违。

因此，我们必须认识到一个现实，也许在某方面，你的同事有不及你的优点，但是你也会有不足之处，而且你的优点，拿出来在更大的范围内相比，也不一定就能够称之为优点。所以，做人要谦虚。在我国的传统美德故事中，不乏谦虚的典范之例。

孔子是春秋时期的思想家、教育家、政治家。平时，孔子会带着他的学生们周游列国，宣传他们的政治主张。

一天，他们来到了晋国，一个孩子在路当中堆碎石瓦片玩，不偏不倚正好挡住了孔子等人的去路。孔子说："你不该在路当中玩，挡住我们的车！"

孩子听了并没有让开，而是说："老人家，您看这是什么？"

孔子低头一看，是一座用碎石瓦片摆的城池，孩子又说："您说，应该是城给车让路还是车给城让路呢？"

孔子被孩子给问住了，思量一下，觉得孩子说得很有道理，便问道："你叫什么？几岁啦？"

孩子回答说："我叫项橐，7岁！"

孔子听了，对他的学生们说："项橐7岁懂礼，他可以做我的老师啊！"

孔子能够成为著名的学者，跟他时刻保持着谦卑的心态有很大的关系。"满招损，谦受益"，古人留下的遗训，在如今的职场依旧适用。在与同事交流的过程中，应时刻保持谦卑的心态，可以学到同事宝贵的经验，在工作中少碰钉子，减少工作中的失误。

在职场中保持谦卑的心态，其实是一种智慧，更是一门学问。让自己永远以一种谦恭和学者的姿态去和别人打交道，即使你的学识胜于对方，也要表现出三分委婉的风度，这样，不但可以赢取他人的赏识和尊敬，也可以展现自我的才华和智慧。

一位古代哲学家曾说过:"如果你要得到仇人,就请表现得比任何人都优越,不把任何人放在眼里。如果你要得到朋友,就要表现得低调。"只要把握好谦虚的度,在可控的范围内展现出自己的谦逊,就能在职场中为自己助力。

# 大胆干，主动与老板沟通

在现代企业中，无论是员工与老板之间，还是员工与员工之间，或者是员工与客户之间都需要进行有效沟通。其中，与上级或是老板的沟通尤为重要，因为如今每个企业，都可以说是人才辈出、高手云集，在这样的环境中，信守"沉默是金"者是不会有任何发展的。

而一个不善于与老板沟通的员工，是不可能做好工作的。据统计，现代工作中的障碍一半以上都是由于沟通不到位而产生的。企业中的关键人物就是上级和老板，如果你不能及时有效地和老板沟通，很多在落实过程中遇到的问题就得不到解决，出现的偏差或错误，也不会得到老板的纠正，自然不会有什么好结果。

陈敏从一所知名的财经学校毕业后，以笔试第一名的成绩进入了一家大型公司的财务部。

陈敏以为进入了公司就万事大吉了，谁知道进入公司仅仅才是一个开始，她虽然专业能力过硬，但是性格却十分内向，在办公室里总是与他人格格不入，很少与同事们交流。

倒不是因为陈敏不愿意与同事们说话，而是因为她胆怯，工作上遇到问题，也不敢向同事请教；有时候领导安排下来的工作任务，任务不明确，她也不敢询问领导，只是按照自己的理解去做，结果总是和领导要求的标准相差甚远。她工作态度虽然很认真，也有些工作业绩，但就是得到不到同事和领导的肯定。

即便如此，公司还是很珍惜她这个人才，便考虑着如何帮助她提升能力。后来有人建议将陈敏调到客服部。目的很明确，就是想提高她的沟通能力。因为这个工作必须经常和客户打交道，所以逼着她去与人交流，希望能借这个工作岗位提高她的沟通能力。

结果不但没有提升陈敏的沟通能力，还因为陈敏不会沟通，导致公司流失了一些比较重要的客户，最后陈敏因为心存愧疚，主动提出了辞职。

在现实生活中，像陈敏这样的员工可不在少数，尤其是不敢主动与老板沟通的员工更是占了大多数。有的人可以和同事谈古论今，但是一遇到必须要跟老板沟通的时候，就变成了一只呆头鹅，既不知道老板想要听什么，也不知道该怎么表达，所以往往还没有说上两句话，就被老板打断了。

长此以往，你又怎么能够给老板留下深刻的印象呢？老板对你没印象，在升职加薪时又怎么会考虑到你呢？美国金融家阿尔伯特当年初入金融界时，他的一些同学已在金融界内担任高职，都已成为老板的心腹和得力助手。他们传授阿尔伯特一个最重要的秘诀，就是"千万要肯跟老板讲话"。实际上，老板也特别喜欢能够与之有效沟通的员工。

吴晓滨博士是全球最大的制药企业辉瑞公司在中国区的总裁，在到辉瑞公司之前，吴晓滨是惠氏奶粉的中国区总裁。

作为一家跨国公司的总裁，首先要处理好的问题，就是中国区和总部之间的有效沟通。因此，吴晓滨上任后的第一件事情，就是精心准备了一场关于中国的报告会，然后直接飞往美国总部。

当天的报告会，吴晓滨让总部领导和各部门的领导都了解到了中国的市场，并且对中国市场更加重视起来，同时也对吴晓滨的工作更加地支持。

这一次的报告会让惠氏总部见识到了吴晓滨的能力，后来总部又先后三次邀请他去总部的年会上做演讲，吴晓滨抓住这三次机会，在演讲中将中国市场的巨大潜力和中国区团队的优势都展示了出来，从而让总部对中国区的市场更加了解和支持。

吴晓滨本人十分重视与上级的沟通，他在选拔下属的时候，也同样看重上下级之间的沟通问题。当时，总部授权他在中国找一位懂中文、懂中国市场的首席财务官，但是吴晓滨却坚持让总部派人过来，而且来人还得符合他提出的三个条件：

第一个条件，这个人在总部要有很好的影响力，并且工作了较长时间，充分了解总部的运作系统，可以顺畅地与总部高管沟通，能够帮助中国的领导团队获得总部的信任。

第二个条件，这个人要足够强势，能够对总部说"不"。

第三个条件，就是这个人也能够对他说"不"。

这三个条件看起来简单，但找起来却相当困难，总部一度想要劝说他放弃一些条件，但吴晓滨一再坚持自己的原则，总部花了很长的时间，终于找到了符合他要求的人才。后来这个人果然不负众望，在中国区与总部之间建立起了很好的沟通桥梁，使得中国地区深得总部的信任，最终将全球最大的婴幼儿配方奶生产基地建在了中国。

可见，吴晓滨博士深谙职场中向上沟通的重要性。作为员工，能够主动、积极和坦诚地与老板进行沟通，就能够让自己更好地领会上司的意图和目标，从而在工作过程中更准确、更积极地落实。同时也能够将自己的能力和思想，充分地展示在上司面前，这样你才能够成为让上司印象深刻的人，成为那个一提到升职加薪，上司就第一个想到的人。

# 结论先行的"金字塔"原理

在职场中,你是不是也会遇到这种情况?

有事情想要向领导汇报,但是一张嘴大脑就进入了"卡壳"的状态?

领导询问你的意见时,明明满肚子的点子,但就是不知道该先说什么后说什么?

领导问话时,明明心里知道怎么回事,但是说出来的话就是让人摸不着头脑,抓不到重点?

其实,这跟平时的说话习惯有很大关系,平时我们交代一件事情,总是习惯以流水账的方式讲述。这样的说话方式存在一个很大的弊端,那就是最重要的信息被放在了最后说。日常跟别人这样说话或许可以，但是在工作中却不能这样说话。因为工作时间是有限的，几乎没有人愿意用有限的时间去听我们的长篇大论，如果不在一开始就将重要的内容说出来，那么很可能就会失去继续表达和展示自己的机会。

一家贸易公司要招聘一名会计专员，招聘消息发出去的当天，就有两个人前来面试，从简历上看，这两个人的水平不相上下，难以抉择。于是面试官让他们口头介绍一下自己，再决定最后的去留。

第一个人一上场，就口若悬河地介绍起自己来。

"我毕业于重点大学，在大学学习期间表现优秀，多次获得过学校的奖学金，这说明我对专业知识的掌握十分牢固。大四的时候，我被分配到一家国企当实习生，在国企内，我虚心学习，掌握不少实践经验……"

这个人一边说，面试官一边点头，实际上这些内容面试官已经在他的简历上都看过了。最后，面试官听得不耐烦了，便打断了对方的介绍，让他回家等结果了。

第二个人上来后，只简短地说了两句话，他说："我是一个踏实肯干的人，只要是公司的任务、领导的指示，我都能一丝不苟地完成。"

最后，第一位应聘者被淘汰了，留下的反而是话说了没两句的第二个应聘者。

有的人说起话来滔滔不绝，但是说的话却没有一句在点子上；而有的人，话虽然不多，但句句都能说在点子上。其实，在职场中与同事或是领导沟通的时候，不在于话多话少，而在于能不能将问题阐述清楚，能不能将自己的思路清晰地表达出来。

越是复杂的事情，我们越是要整理好思路，想好了再说话。这里比较常用的沟通方式，就是先讲出结论，让对方第一时间听明白你的讲话内容。这样的讲话方式，在沟通中被称作为"金字塔原理"，概括来说就是与人沟通时，先说结论，再讲述事情的经过，这样才能有条理、有逻辑、有重点地把事情讲清楚，同时，也能让方迅速理解你的用意，从而达到沟通的目的。

郭强作为公司的领导，手下的员工陈栋很是让他头痛，因为这个陈栋说话总是抓不到重点。

有一天，郭强让陈栋安排一个会议，不一会儿，陈栋汇报说："经理，陈主任说他今天有事来不了；王总监在外地出差，要明天才能回来；赵主管说会议最好晚一点开，因为她现在没有时间，要到明天下午才有空。但是明天一整天的会议室都被其他部门占用了，您看要不会议安排在后天？"

郭强原本只想要一个答案，即：会议能不能开成？什么时候开？但是陈栋的汇报却让他一头雾水，听了半天越听越糊涂，一会儿陈主任，一会儿王总监的，到底什么时候能开会？听到最后也没有一个答案。

于是郭强挥了挥手，说道："你先出去好好想想，把思路捋清楚了再进来告诉我，会议什么时候能开。"说完，就低头继续看起了文件。

陈栋看着郭强的脸色，看出来领导八成是生气了，不敢再说什么，轻轻地关上门出去了。坐在自己的工位上后，陈栋心想：我也没说错什么啊，该说的事一件没落下，不该说的话一句也没说，怎么就惹经理生气了呢？

早在一旁听了半天的同事，忍不住提醒陈栋道："你说得太多了，经理每天日理万机，哪有工夫管别人每天都干什么，谁休假了，谁出差了，跟他没什么关系，他只关心什么时候能开会，你就告诉他会议安排在什么时候就行了，不用说那么多没用的内容。"

同事一语惊醒梦中人，陈栋以为领导需要事无巨细地知道工作中发生的点点滴滴，这样才能更加信任自己的能力，但实际上领导根本没有时间去管那些无足轻重的小事情。

认识到自己的错误后，陈栋再一次走进了郭强的办公室，对郭强说："经理，会议安排在后天上午的九点，您看可以吗？"

郭强听了，点了点头说："可以，辛苦了，忙去吧。"

前前后后用了一分钟都不到，会议时间就这样确认下来了，再想想自己之前的表现，三分钟过去了，还没一句话说在正点上，也难怪经理会不耐烦呢！

第七章 会共事：大家一起干，沟通最重要

在职场中，向领导汇报工作是很重要的部分，汇报得好，领导能够从中看出你的办事能力。相反，汇报得不好，领导也会质疑你的办事能力。尤其是对于一些比较复杂的事件，领导最想要听到的，不是你如何排除万难解决了工作，而是你最终得到了怎样的结果。而后，如果领导希望得知事情的经过，那领导自然会主动进行询问。

不管是在生活中，还是在职场中，沟通的实质都是思想情感的表达，想要将思想表达清楚，就必须要层次分明，有条有理。尤其是在职场中，大家的时间都很宝贵，领导更是如此，对于领导来说，你想要表达观点的结论或者事情的最后结果才是最重要的，我们需要"结论先行"。

# 会干活，更要会说话

古人云："祸从口出。"意思是说，大部分祸事都是因为不会说话引起的。在工作中，能否与其他成员进行顺畅地交流，对是否能够为工作创造便利条件，有着十分重要的影响。但如果说错了话，轻则会影响自己的工作进程，重则还会在职场中树立起一个敌人。

所以，想要在职场中游刃有余，那首先要做好一点，就是"会说话"，会说话的人说出来的话不仅仅是听觉层面的悦耳，而且还容易被其他人接受，不管是好话还是坏话。但不会说话的人，就会因为言辞不当引发他人的反感。

向东已经在职场打拼多年，作为一名职场老人，他的业务能力没问题，但是在人际交往这块却存在着短板。几次换公司，都是因为处理不好与同事之间的关系。

之前有一次，向东看到一个同事将杯子里的水倒进了纸篓里，他想都不想就责备同事道："你怎么把水倒进纸篓呢？这不是给保洁大姐添麻烦嘛？下次注意点，要是被老板看到了，肯定会狠狠地批评你。"

同事听了，表面上笑着说："好好，下次注意。"实则心里十分不爽，认为向东太把自己当回事了，不过就是小组长，凭什么用教训自己的口气跟自己说话呢？搞得自己像是大老板一样。

还有一次，公司里的实习生在下班后，忘记关电脑了，被一早就来到办公室的向东看到了，等实习生来后，向东便立刻教育起人家来，"咱们部门反复强调了，离开前一定要关闭所有电源，你怎么不当回事呢？一旦出现了问题，你担得起这个责任吗？"实习生自知理亏，不敢说什么，但是心里却觉得向东有些小题大做了。

渐渐地，办公室里的同事几乎都被向东得罪了个遍，要说起他的业务能力，那也不算差，但是在公司的人缘就没法说了。每年年终对员工进行整体考评，相互填写意见时，向东都是整体评分最差的那一个。

向东这样的人，说得好听点，是耿直率真，说得不好听点，就是情商低不会说话。现实中，很多人都不喜欢被人调侃自己的小缺陷或者毛病，不要把你的一时口舌之快，建立在别人的尴尬上。尤其是身在"领导"的位置上，更加要谨言慎行，因为"水能载舟亦能覆舟"。

面对同事往纸篓里倒水这样的事情，我们本可以有更好的方式，比如悄悄给同事提个醒："这个垃圾袋特别不结实，还是到卫生间去倒吧。要不然一会儿水漏出来会流得到处都是，万一被老板看到就麻烦了。上次XX就是因为把水倒进了纸篓里，被老板看见了，结果老板把他骂了个狗血喷头。"

相信这样说，不但不会招来同事的记恨，还会让同事对你心怀感恩。在职场中，会说话不仅仅是能力的一种，还是非常重要的职场元能力。什么是职场元能力呢？就是最底层的能力，无论你在职场中属于什么职业，在任何岗位都不离不开的一种能力。

在办公室中，跟领导、同事关系的好坏，很大程度取决于我们会不会说话。会说话的涵盖范围很广泛，它反映出来的是一个人的综合素质，是一个人情商和智商的综合体现。那些被公认的"会说话"的人，如：脱口秀演员、相声演员、主持人等，他们能够在面对不同的情况迅速做出正确的反应，背后是"读万卷书，行万里路"的付出，在别人看不到的角落里，不知道要进行多少次演练，才能做到面对任何人和任何场景都能游刃有余地进行交流，才能做到无论走到哪里，都会得到一句"情商高"的夸赞。

会说话并不是一种天生的能力，它得益于后天的积累与培养。如果你的业务能力很突出，但就是在带领团队的过程中频频出现问题，那你就要考虑一下，是不是自己在"说话"上需要再学习学习？不要觉得长了张嘴就意味着会说话，可不要小看"说话"这门艺术，卡耐基曾经说过，一个人的成功，知识技能和沟通能力同样重要，空有才能却不善交流的人，是无法笑傲职场的。毕竟，能说话是本能，会说话是能力。

要说起在演艺圈里，谁最会说话？那黄渤必须榜上有名。有一次，媒体问他："您觉得自己是否能够取代葛优呢？"

葛优是喜剧片中大师级的人物，记者这样问黄渤，黄渤若是回答"能"，那就是对前辈不够尊重，若是回答"不能"，就等于对自己的能力进行了否定。但是黄渤并没有被这个问题难倒，他的回答是："这个时代不会阻止你自己闪耀，但你也覆盖不了任何人的光辉。因为人家曾开天辟地，在中国电影那样的时候，人家是创时代的电影人。我们只是继续前行的一些晚辈，不敢造次。"一席话，既捧了葛优，又肯定了自己，台下之人无不鼓掌称赞，这样的回答简直无懈可击。

还有一次，周星驰力邀黄渤参演《西游降魔篇》中的孙悟空。要知道，在此之前，周星驰饰演的至尊宝（孙悟空）已经取得十分高的评价了，有珠玉在前，黄渤感到压力山大，但他没有直接拒绝周星驰，而是说："您这座山太高了，我翻不过去。"

周星驰依旧坚持用他，还放下话，让他自由发挥，自己创作。黄渤这才答应了下来，后来《西游降魔篇》上映，好评不断，周星驰在发布会上称赞黄渤说："黄渤现在是喜剧演员中的王中王。"

一句话，将黄渤捧上了很高的位置，对此黄渤却只说了一句："王中王？星爷这是在说我是火腿肠呢！"一句话，逗得台下的观众捧腹大笑，也逗笑了星爷，还体现了自己的谦虚。

黄渤是不是喜剧界的"王中王"这个还不好说，但是他绝对可以称得上是沟通界的"王中王"了。

职场上，一个会想、肯干的人能够自己做出成绩，而一个会说话的人，却可以带领着整个团队一起做出成绩。相比之下，老板更愿意用谁，答案已经显而易见。但值得注意的是，会说话指的是谙熟说话的技巧，而不是口无遮拦地胡说八道。能够和别人建立起来亲和的关系，说出来的话有思想，又有与众不同的观点，有非常好的反应能力，能够照顾到别人的感受，这才是真正的会说话。

职场就是一个小江湖，懂得人情世故，知道什么场合说什么话，见什么人说什么话，绝对是一个加分项。有的人可以凭借着自己的专业知识和能力坐稳位置，也有的人可以通过自己在职场上为人处世的能力开辟出自己的一片天地。

## 及时回复的人，干事都靠谱

过去人们沟通主要靠面对面的交流，但现在随着信息的网络化，很多公司内部的沟通，都靠网络来进行。网络化的沟通方式有很多优势，比如：可以不受时间和地点的限制，只要有网，就可以将信息传达出去。但是网络化的沟通也有其不足之处，就是缺少了面对面沟通的时效性。

及时回复信息是一个很小的细节，所以总是被人忽视。有的人认为，信息看到了，就是收到了，照着去办就可以了，不用回复；还有的人则是因为收到信息时正在忙，所以暂时没有回复，但是事后又将回复的事情忘得一干二净。

殊不知，在职场中，一个人是否靠谱，首先就建立在是否能够及时回复信息上。迟到的时候没有及时说明原因，领导也许会担心你的安危；工作进度没有及时汇报，其他同事就只能干等着你的消息。一次两次都是如此，难免就会给人留下"不靠谱"的印象。

　　李玲在学校担任着辅导员管理的职务。一天学校接到了一个开会的通知，要求所有的辅导员都必须出席参加。李玲接到消息后，就在群里下发了该通知，并在结尾附上了一句"收到请回复"。

　　消息发出后，群成员们陆陆续续地回了"收到"的消息，每回复一个人，李玲就会在表格上画个勾。最后就剩两个人没有回复了，李玲心想：也许是正在忙。所以一直等啊等，一直等到了第二天早上，这两个人也没有回复。

　　李玲生怕他们没有收到信息，于是赶紧找出他们的电话拨了过去。第一个人接到电话时好像还在睡觉，听到李玲问他是否看到通知时，不耐烦地说："群里消息那么多，我看到不就行了吗？要是一一回复，那得回复到什么时候？"说完，就挂了电话。

　　第二人接通电话后，也是一副满不在乎的口气，说道："早就看到信息了，就是忘了回复了，这也没什么大不了的吧。"

　　两位同事的态度，让李玲一大早心里就像是堵了棉花一般。从那以后，学校再有什么紧急的事件需要通知，李玲都会专门给这两人发个信息，并注明"收到请回复"。生怕因为他俩的问题，影响了整个团体。

现在这个时代，几乎人人都离不开手机，尤其是身在职场的人，要说谁的手机上没有几个工作群，那才是另类。办公网络化，早已经不是趋势而是现实了。知乎上曾经有一个很热门的话题："什么样的行为，会让你觉得一个人很靠谱？"有一个获赞量最高的回答是："收到信息，会立刻回复的人。"

可见，收到信息是否能够及时回复，已经与你的人品及工作能力挂上钩了。设想一下，你给你的同事发了一个信息，如果对方没有回复，你是什么感觉？同样道理，他给你发的你不回，是你不想，还是不屑？这不是无所谓的问题。

在他人看来，一句"我忘了回复了"，其潜台词就是"我根本没当回事"，如果是很重要的事，很重要的人，又怎么会轻易就忘记呢？而一个总是不把工作消息当作重要事情的人，在同事和领导眼中，又怎么会是靠谱的人呢？

所以我们必须端正自己的态度，不要认为只有面对面说的话才需要重视，群里的通知、邮箱里的邮件同样重要。一句"收到"，虽然只有短短两个字，但是却可以让对方知道你已经知晓了工作的内容，并且会按照要求去执行。这样对方才能够放下心来，继续去做下面的工作。

**方圆驰骋职场多年，如今已经成为公司里举足轻重的部门**

领导，在谈论起这些年在自己身边工作的下属时，只有小李给方圆留下了深刻的印象。

小李这个人其貌不扬，但是办起事来却特别让人放心，方圆曾对别人说，不管什么事，只要交到小李手上，他就绝对不会担心出差错，而且中间也不用过问，时间到了，小李自然能够交上来一份令人满意的成果。

要说这份信任，也并不是从一开始就建立起来的，因为当初在方圆手底下的员工里，小李并不是那个最突出的。后来新冠病毒来袭，整个公司都调整为居家办公的模式。因为全员居家办公，从前面对面传达的消息，全都变成了通过手机传达。原本每天都看得到人，也看得到工作进度，现在变成了"两眼一抹黑"，员工不汇报，他就不知道工作进展如何。

这着实是让人感到很焦虑的状况，但也是在这个时候，方圆发现了小李的可贵之处。每当方圆在群里发布工作内容时，其他员工大多回复："收到。"小李的回复却不仅仅是"收到"二字，他还会在后面注明工作大概的完成时间，然后到了那个时间，小李会准时将工作结果呈上。

有时候，小李没能及时回复信息，还会在回复的时候解释一下没有回复的原因，顺便将手头工作的进度跟方圆说一下。有一次，方圆发的工作内容中，有一处地方没有说清楚，看了很容易产生歧义，全体员工回复的都是"收到"，只有小李又在私信中问得具体了一些。事后，除了小李以外，其他员工都在不同程度上出现了瑕疵。

现在小李因为表现优异,得到方圆的力荐,已经成功升职了。方圆认为,小李以后还会走得更高更远。

很多企业招聘中最关键的一条要求永远都是,靠谱。所谓靠谱,就是凡事有交代,件件有着落,事事有回音。网络信息时代,回复一条消息不是多少钱的事,而是人品和素质的问题。因此,无论是谁,无论是消息,还是电话,除非你确有原因,否则都应及时、正面地回应对方的消息,这是一种素质,一种修养的体现,同时也代表了你的工作态度。

## 第八章
## CHAPTER 8

# 团队干：

## 善于合作，才能干出更大的成就

# 找对定位去干，成为不可或缺的一员

俗话说：一个人在人生的这场旅途中，很多时候我们仿佛踽踽独行于迷茫之中，找不到自己的位置，也找不到何处是展现自己才华的舞台，以至于把自己当成一个无用之人，自暴自弃，荒废了自己的才能。

尤其是在职场上，我们更应该找到适合自己的位置，一个人摆错了位置就永远是庸才。身为团队中的一员，最重要的就是找准自己的角色定位。无论做什么事情，只有适合自己才能发挥自己的所长，做起来更加得心应手。若是偏要在自己不擅长的领域一试身手，而自己在这件事上又没有足够的能力，那么，自然不会有什么好结果。

一个磨坊的主人，同时养着一匹马和一头驴子。平日里，马用来载货物和主人在外奔波，驴子则在家里拉磨。

时间久了，驴子对这样的工作安排感到不服气，凭什么马能每天跟着主人一起出去游玩，自己却只能每天待在磨坊里，年复一年日复一日地转圈圈呢？要是能跟马换换工作就好了。而马也产生了与驴子一样的想法，马认为自己每天风吹日晒，跋山涉水地跟着主人外出挣钱，而驴子却舒舒服服地待在磨坊里就可以完成工作了，因此十分向往驴子的工作。

于是驴子和马找到了主人，诉说了自己的请求。主人禁不住驴子和马的苦苦哀求，便答应了他们，调换了他俩的工作。从此以后，驴子驮着货物跟着主人外出挣钱，马留在磨坊中拉磨。

起初，驴子和马都在为自己做上了心仪的工作而开心，但是很快他们就后悔了。驴子驮着沉重的货物，没走多远就累得气喘吁吁，不堪重负了；马呢，每天围着磨盘转，没转几天就头晕眼花步子越来越沉重。

换了工作后，他们不但没有越干越好，反而工作效率越来越低，他们开始怀念起自己曾经的工作来。最后，他们不得不再次央求主人，将他们的工作换了回来。

有时候，身在职场的我们，很容易被一些表象迷惑，从而忘了自己的能力是什么，位置在哪里，然后对自己进行了错误的定位，做了超出自己能力范围的工作，这样自己既无法从工作中体会到快乐与成就，还会耽误整个团队的工作效率。

如果将团队比作是机器的话，那么团队中的每一个人都是镶嵌在机器的螺丝钉，但凡有一颗螺丝钉出现了故障，就会影响整个机器的运转。而我们想要自己所在的团队能够高效率运转，做出傲人的成绩来，就要找准自己的位置，这样才能够在力所能及的基础上最大限度地发挥出自己的能力。

但找准自己的位置可不是一件容易的事情，许多事业有成者，在成功之前都费了不少力气才找到自己的人生定位。赵本山还是东北的一个农民的时候，就有人嘲讽他说，重活干不动，轻活不愿干，光会耍嘴皮子。但是当他成为一个小品演员的时候，他的所长得到了发挥，成了著名的小品演员，为观众留下了不少脍炙人口的作品。

威廉是一个才华横溢的人，在拿到会计学硕士学位后依旧努力工作。在35岁那年，他成为英国伦敦一家大公司的总会计师，收入丰厚。

在别人眼中，威廉显然已经是一个成功人士了。但是威廉却时常感到忧虑，并且伴随着挫败感，这甚至严重到了让他无法安心睡眠的地步。无奈之下威廉找到心理医生接受心理咨询，在心理医生那里，威廉讲述了自己的经历。

9岁那年威廉找到了一条"发财之路"，那就是推销杂志，并发展到有好几个小伙伴和他合伙一起干。17岁那年，他和别人合伙建立了一家印刷厂，厂里的业务由他专门负责，他做得非常成功，赚的钱足够他大学几年的花费。

但上了大学后，威廉遵从父亲的建议，开始学习会计学。在上学期间，他靠干推销和经营挣来的钱，完成学业拿到了硕士学位。毕业后，他就被伦敦这家大公司录用，从小职员一直干到总会计师的位置。

一切的一切，看起来都是那么顺利，但只有威廉自己知道，他经常在工作中被人指责，工作上出现失误的次数也越来越多，别人对他议论纷纷。因此，威廉过得十分压抑，对自己也越来越没信心了。

心理医生在听完威廉的陈述后，对威廉说："实际上，你不适合从事总会计师的职位，虽然你获得了硕士学位，但你的兴趣并不在此，总会计师一职超出了你的能力范围，所以你才会感到压抑与痛苦。"

经过心理咨询师的开导，威廉主动向公司请求辞去总会计师一职，转到公司销售部。就这样，这家企业失去了一个名不副实的总会计师，却得到了一个乐此不疲且富有经验与成效的销售人员。

找准自己的位置，既不能将自己定位过高，去做自己无法完成或最多也只能勉强完成的事。同时也不能过于谨慎，将自己定位过低，明明可以胜任更复杂更具有挑战性的工作，偏偏缺少自信，这样就会导致大材小用,浪费自己的能力,无法为团队做出更大更多的贡献,同样也是在拖整个团队的后腿。

一名优秀的员工,在做自我定位时,会问自己这样几个问题:

"我是谁?"

"我能干什么?"

"我干了什么?"

通过这样几个问题来审视自己,让自己对自己有一个清晰的认知,从而不会把自己定位得过高或是过低,高于或是低于自己的实际所能承担的角色,或定位与自己实际应承担的角色不符。

只有根据自己的实际情况,来定位自己在团队中的角色,才能找到最有利于自己发挥优势的舞台,才能出色地完成工作,从而成为团队中不可缺少的一员。

## 帮助他人，就是帮助自己

很多人将职场看作是"不是你死就是我活"的斗兽场，与同事之间不是消灭对方，就是被对方消灭的关系。同事之间存在着某种竞争关系是不假，但也绝不是你死我活的拼斗场面。毕竟我们每个人都无法离开团队在职场中独来独往，既然身处在团队中，那么相互帮助的局面就一定会存在。

抛开团队的集体观念不说，从个人角度出发，在职场中帮助他人也是应该去做的事情。《孟子·公孙丑下》有言："得道多助，失道寡助。"如果一名员工对于同事的困难，哪怕只是举手之劳都冷眼旁观甚至冷嘲热讽，又怎能指望在他需要帮助时会有人向他伸出援手呢？时间久了，他的工作会很难展开，甚至变成同事中的

"绝缘体"。

相反，如果同事遇到了困难，我们能够给予及时的帮助，这无疑就是"雪中送炭"，同事不但会对我们心生感激，还会在我们需要帮助的时候伸出援手。

某公司要招聘一名营销总监，前来应聘的人很多，经过层层筛选后，最终有三位优秀者被留了下来进行最后的角逐。这三个人一个个子高大，一个身手敏捷，还有一个个子矮小，为了测试这三个人谁更适合担任这个角色，公司给他们出了最后一道考题：到果园里摘水果。

从外貌上看，这三位竞争者中的前两个人最有可能成功，可结果却恰恰相反，最后是个子矮小的人获胜了。这究竟是什么原因呢？

原来，要摘的水果都在很高的位置，而且以树梢上的数量最多。身手敏捷的人，尽管可以爬到树上去，但是树梢的一部分，他就够不着了。个子高的人，尽管一伸手就能摘到一些果子，但是毕竟能伸手就够到的数量有限。

而那位个子矮小的应聘者知道自己能力不如前两位，正琢磨着该如何取胜时，看到看守果园的老人正费力地搬着一把梯子前行，于是他连忙走上前，说道："老人家，我帮你搬吧。"老人家看着他笑了笑说："那你就帮我搬到果树下吧。"年轻人帮着老人搬到了果树下，还帮着老人摘了不少果子，他一边摘果子一边想：一会儿要跟老人借下梯子，否则自己绝对摘不到一个果子。可当他把果子拿给老人时，正准备跟老人提借梯子的事情时，老人却先说道："帮人就是帮己，这些果子是属于你的。"

这个身材矮小的应聘者，因为有了梯子的帮忙，摘的果子自然是最多的，所以他成了最后的胜利者。

尽自己所能去帮助他人，哪怕是看似微不足道的小事，对于他人来说或许就是莫大的帮助。某些人在同事遇到困难时，不愿意出手相助，害怕因此而损害了自己的利益，他们坚持"付出一定要有回报，否则绝对不付出"的观念。

帮助他人是一种无私的行为，但是绝不是没有回报。在我们为了帮助他人付出金钱、时间、精力的同时，其实也收获了快乐、友情、声誉等无形资产。这些无形的资产也是最宝贵的财富，很多人想用金钱买也买不来。

在职场中，领导也会乐于看到这种乐于帮助他人的员工，因为这样的员工心胸宽广有大局思维，因此愿意把晋升的机会给这样的员工。但需要注意的是，职场中的帮助他人和生活中的帮助他人不同，生活中帮助他人讲究的是"先人后己"，而职场中的帮助他人讲究的是"先己后人"。

Candy毕业于名牌大学，毕业后就进了一家颇有实力的外企策划部工作，能够进入这家外企策划部工作的人，个个都是人中龙凤，所以Candy抱着谦虚的心态进来，积极与每一个人打好关系，只要别人有求于她，她从来没有推辞过。

渐渐地，整个部门都知道Candy不但头脑灵活，而且还为人热情大方。谁有个什么困难，都爱找Candy帮忙，每天办公室里被喊名字次数最多的人就是Candy。一会儿同事A说："Candy你帮我看看这个文案，以什么角度切入更加合适？"一会儿同事B说："Candy快来帮我出出主意，哪个方案更好？"一会儿同事C又说："Candy麻烦你帮忙美化一下这个PPT，我觉得我做得不好看。"……

就这样，Candy每天大部分的时间都穿梭在其他同事的办公桌前，而自己的工作则一再往后推。在他们这个部门，实行的是一人一案的责任制，一个人跟一个项目，按理说谁也不会比谁更忙，唯独Candy成了整个部门最忙的人，时常别人都下班了，她还在熬夜加班赶自己的工作。

领导喜欢那些愿意为同事提供帮助的员工，但不代表领导也喜欢那些忽略了本职工作的员工。职场中最基本的法则之一，就是先将自己的本职工作做好，只有做好了本职工作，再去帮助别人才叫"帮助"，自己的本职工作都还没有做好，就去帮助别人，那便叫"失职"。

我们帮助同事，是为了让自己更高更强更大，为了提高自己的竞争力，而不是让"好心"成为"坏事"，阻碍自己的职场发展。我们既不能将帮助他人看作是为他人作嫁衣的行为,也不能为了帮助他人而影响了自己的工作。

总而言之一句话,在职场中我们要在完成自己工作的前提下,尽自己做能去帮助同事,要让乐于助人成为我们的"助力",而不是"阻力"。

## 相互配合着干，才能实现 1+1 > 2

职场中有这样一些人，总认为自己非常聪明，其他人都不如自己，无论什么事情，他都可以只凭一己之力做到完美。但实际上，不管在生活中，还是在职场中，我们都离不开他人的帮助，就像这个世界上没有人能够成为"孤岛"一样。我们大部分人都是普通人，有优点就有缺点，有擅长的一面也有薄弱的一面。因此，需要与他人配合，才能将工作完成得更加完美，就如一首童谣中唱的那样：

一只蚂蚁来搬米，搬来搬去搬不起；

两只蚂蚁来搬米，身体晃来又晃去；

三只蚂蚁来搬米，轻轻抬着进洞里。

这首歌谣很好地诠释了团队协作的力量，但是在现实生活中，我们时常见到一些不团结的现象。例如：团队成员之间钩心斗角，不能坦诚相待；员工之间争名夺利，互不相让；故意拖他人后腿，生怕他人的风头盖过自己……

同在一个团队中，相互拆台对自己真的有好处吗？团队之所以称之为团队，是因为它是一个整体，一荣俱荣一损俱损，你拆别人的台，就等于在拆自己的台，最后的结局就是两败俱伤。

2004年的NBA总决赛中，湖人队的对手是活塞队。在所有人眼中，湖人队赢定了，因为湖人队拥有NBA历史上最豪华的队员阵容，科比、奥尼尔、马龙、佩顿等篮球明星，再加上由传奇教练菲尔·杰克逊对其的整合，可以说这是20年来NBA历史上最强大的一支球队。相比较之下，活塞队则是14年来第一次闯入总决赛的东部球队，而且全队没有一个大牌明星，可谓是实力相差悬殊。

然而，最终的结果却是湖人队以1：4败下阵来。这个令人大跌眼镜的结果，其实从球队的配置上就可以窥探出一二。在这个队伍中，每个位置上的球员几乎都是联盟中最优秀的存在，当这群最优秀的人聚集在一起时，他们都认为自己才是那个领袖般的人物，都希望别人来配合自己，更不要说马龙和佩顿只是冲着总冠军戒指而来的，根本没有想过去配合别人，只想着自己如何出风头。

虽然这个团队中都是精英，但他们相互之间不讲配合，最终只能成为一盘散沙，不但没有实现1+1＞2，反而造成了1+1＜2的局面。

身为团队的一员，却不能与其他成员相互配合，那么即便是人多也无法让力量变大。但在当今这个社会，学会团队协作已经成为一种趋势。与他人协作，就是在计划实施的过程中，部门与部门之间、个人与个人之间的协调与配合。

一名员工是否具有与他人协作的能力，已成为衡量优秀员工的重要标准。随着专业分工越来越细，几乎没有人可以仅凭一己之力，就能完成一项工作。因为尺有所短，寸有所长。团队各成员之间，要互相合作，弥补各自的不足，从而保证工作顺利进行。

这就像生产一辆汽车，各个零部件必须依靠无数道工序的综合生产才能完成，一个人的力量完全不可能生产一辆汽车。也像跳双人国标舞，比较厉害的那一方，得放慢脚步来带领比较弱的那一方，等对方的实力提升了，能力跟上来了，彼此之间差不多了，就能演绎一场漂亮的舞蹈。

我们生活在一个合作的时代，合作已成为人类生存的手段。个人英雄主义的时代已经成为过去，一个人如果只知道自己工作，平常独来独往，在当今时代想要获得成功是一件很难的事。每个员工都不可能成为百科全书式的人物，要想很好地落实工作，就必须学会借助他人的智慧来完成自己人生的超越。

团队就像是我们的手掌,而队员就像是手指头,一个手指头的作用是微乎其微的,但若是五个手指都能发挥自己的优势,和其他手指头团结起来,共同努力,那就能发挥出巨大的作用。

## 个人的发展离不开团队的成就

阿里巴巴的创始人马云曾经说过这样一句话:"一个一流的创意和一个三流的团队,我宁愿要一个一流的团队三流的创意。"因为个人完不成的事情团队可以完成,个人无法做到完美但是团队可以。阿里巴巴能够做起来,不是某个人有多牛,而是一群不太牛的人聚到一起组成一个牛的团队。

所谓"三个臭皮匠顶个诸葛亮"。说的就是团队的力量要大于个人的力量。在工作中,一个人,无论他的经验有多丰富,水平有多高,单靠自己的力量是不可能在某项事业上取得成功的。

一家世界500强的大企业要招聘3名高层人员,有9名应聘者在初试中脱颖而出,进入了由公司董事长亲自把关的复试。

这9个人的详细资料和初试成绩,让董事长非常满意,但他们只有通过最后一道题的考验,才能被录取。这最后一题,由董事长亲自出题。董事长首先把这9个人随机分成甲、乙、丙三组,然后给他们分派了任务,甲组人去调查女性用品市场,乙组人去调查婴儿用品市场,丙组人去调查老年人用品市场。同时,董事长还让秘书为他们准备了一份相关行业的资料,让他们自己去取。

第二天,三组的9个人分别把自己的市场分析报告交给董事长。看前两份资料时,董事长的脸上没有露出任何表情,直到看到最后一份时,董事长的脸上才露出了满意的笑容。只见他走向丙组的三个人,与他们一一握手,祝贺道:"恭喜你们,你们已经被本公司录用了。"

其余两组人员感到十分诧异,忙问为什么自己没有被录取,董事长没有直接回答他们,而是说:"请大家打开我叫秘书交给你们的资料,互相看看。"原来,董事长为每个人准备的资料都不一样。但从甲乙两组人员的调查报告来看,成员之间并没有互通有无,而丙组的三个人互相借用了彼此之间的资料,补全了自己的那份分析报告,使得自己的市场调查内容更加的全面与可靠。

最后,董事长说道:"我们喜欢能力出众的人,但是更喜欢懂得团队合作的人。"丙队的成员就很好地体现了团队协作的精神。

在专业化分工越来越细、竞争也越来越激烈的今天，单凭个人力量根本无法面对千头万绪的工作，个人只有融入团队中，才能够实现优势互补，达到完美的境界，才能拥有自身无法拥有的强大力量。就好像，一棵草太显单薄，只有草丛才能宣告春天的到来；一粒种子形单影只，只有无数种子才能孕发出无限生机；一点水滴太过渺小，只有海洋才能吟唱出欢乐的歌曲。

一个人虽然可以凭借自己的力量取得一定成就，但永远也比不上一个团队所能创造出来的成就。所以，要想高效地落实工作，一定要融入团队中去，并学会充分利用团队的力量。

林文科从部队退役后，踏上了漫长的求职之路，当时他找了很长时间，但是都没有遇到让他心仪的工作。

当他看到麦当劳里舒适的工作环境，以及员工工作时愉快轻松的工作状态时，他心动了。于是立刻投了简历，最终以一名见习经理的身份开始了自己的第一份工作。

按照麦当劳的惯例，在麦当劳成为餐厅经理需要经历以下几个发展阶段：

第一阶段是从普通员工做到见习经理的职位，第二阶段是从见习经理做到第二副理的职位，第三个阶段是从第二副理升为第一副理，最后是从第一副理升职为餐厅经理。

因为每个麦当劳餐厅的业绩不同，所以一般都会有三到四个第二副理，一个第一副理，一个餐厅经理。而想要成为餐厅经理，必须要去汉堡大学接受系统的培训，才能胜任餐厅经理的职位。

除此之外，麦当劳餐厅还会给每一个业绩突出的员工十分丰厚的奖励。奖励有多丰厚呢？从1个月的工资到12个月的工资不等，业绩越高，奖励就越多，最多可以一下子拿到一年工资的额外奖励。

明确的升职标准，以及丰厚的奖励政策，让林文科做起事情来干劲儿十足。与此同时，公司还提供了大量的培训，使他的专业技能有了突飞猛进的变化。林文科只用了短短两年的时间，因为业绩突出，且勤奋努力，接二连三升职，从一个见习经理一步步成了副总裁。

说起来，林文科刚步入职场时，与大部分年轻人并没有什么不同，他之所以取得了如此大的成就，除了他本身踏实肯干外，更多的还是要感谢公司为他提供的平台。一个优秀的团队能够让一个平凡的人不再平凡，是公司给予了他培养和帮助，他才能充分发挥自己的才干。

有了团队的力量，即使自然界最渺小的生物，也会产生出惊人的力量。因此，不管是普通员工还是管理者，都离不开团队的合作，离不开别人的帮助。不要幼稚地以为个人英雄主义就可以让自己出人头地，任何工作早已是系统控制中的一部分，管理越好的公司，个人越权的机会越少。

如果你想要获得更高的工作成绩，那么从现在就要学会积极地融入团队中，团结一切可以团结的力量，这样在团队做出成绩的时候，功劳簿上自然也会出现你的姓名。

# 团队之间相处，千万别这样干

有的时候，我们和同事在一起相处的时间，甚至比我们跟家人在一起的时间都长，也正是因为如此，我们会形成一种错觉，那就是同事就是朋友。不排除在职场中可以交到真正的朋友，但是这样的情况确实并不多见。

同事关系，可以说是这个世界上最复杂的一种关系了，看似亲密无间，每天见面，甚至共同经历过很多困难，但实际中把握不好尺度，就容易越界，导致看似美好的关系分崩离析。

一个叫刘景崎的小伙子，至今也忘不了自己初入职场时，因为不懂得同事之间的交流法则，而失去工作机会的那件事。

刘景崎大学毕业后，家里人托人给他找了一份工作，在同事眼中，刘景崎就是靠着"走后门"才进的公司，所以他遭到了很多老员工的排挤，这让初入职场的刘景崎十分苦恼。还好同办公室的陈平为人比较热情，看到刘景崎被排挤，便时常出言安慰，并在工作中经常照顾他，提点他，这让刘景崎十分感动，没过多久，就将陈平视为了自己的知己。

一天下班后，刘景崎想要感谢陈平一直以来的照顾，便提出请陈平吃饭，陈平架不住刘景崎的热心邀请，便答应了下来。吃饭间，刘景崎几杯酒下肚后，话变得多了起来，一会儿对着陈平抱怨上司，一会儿又抱怨起了那些排挤他的同事。陈平虽然也喝了酒，但是却始终保持着清醒，在刘景崎的抱怨声中，他除了好言相劝，一句多余的话都没有说。

刘景崎的试用期即将结束时，上司挨个询问大家对刘景崎的印象。轮到陈平时，上司认为陈平平时跟刘景崎走得挺近的，想必了解得也更深入一些，便要求陈平对刘景崎作出一个更全面的评价。

此时正逢评选优秀员工的节骨眼儿，而得到优秀员工称号的人，会在升职加薪时被公司优先考虑，因为陈平觉得自己必须争取到上司的支持，所以他便将刘景崎那天对自己的说的话，经过了一番加工后，告知给了上司，一方面表达了自己对上司的忠诚之心，另一方面又把刘景崎踢出了局。

在职场中，交浅言深是交往的最大忌讳。尤其是在大公司中，人际关系错综复杂，前一秒还笑脸相迎的两个人，后一秒可能就会因为利益关系吵得面红耳赤。著名媒体评论人梁宏达说："切忌交浅言深，距离产生美，就你交情挺浅，你话说得挺深，这不行。两个人之间一定要有距离，职场交朋友一定不能太亲密。"我们不要让同事过多地介入到我们的生活中，同理我们也不要过多地介入到同事的生活中。

在办公室里，人们都管环子叫"环姐"，大概是因为大家觉得她为人热情吧。环子这个人也确实热情，谁有个头疼脑热的需要她替个班，她通常都是一口就答应下来；谁的工作中遇到了困难，她也是尽全力去帮忙。

只是，环子有时候又太过于热情，热情地让办公室的同事们苦不堪言。有一次，办公室里的小张因为身体不舒服请了几天假，再回来上班时，大家都礼貌性地问一句："身体怎么样了？"小张一边感谢大家的关心，一边表示自己没有大碍了。

到了环子这里，她先是问："小张，你这么多天没有来，得了什么病呀？"

小张听了，有些尴尬地笑了笑说："环姐，没什么，已经好了。"

"我看你脸色还不太好呢，像是贫血了一样？你该不会有什么大毛病吧？你还是去大医院检查检查吧，我有个老同学是大医院的专家，要不我帮你问问？"环子继续问道。

"不用不用，我真没事了。"小张连忙拒绝道，同时神情也变得更加尴尬起来。其实小张意外怀孕，去医院做了人工流产，但这样的事情怎么好开口在办公室里去说呢？

类似的事情还有很多，大家虽然表面上叫环子"环姐"，实际背地里都叫她"包打听"，个人有些什么事情时，最怕让环子知道，生怕她当作八卦新闻一样在公司里到处乱传。

苏轼曾在《上神宗皇帝书》说："交浅言深，君子所戒。"在团队中，与其他成员之间保持清晰的界限，安分守己是上策。这不是圆滑世故，是为人处世的睿智，也是让团队之间能够和谐相处的前提条件。不管是泛泛之交，还是患难之交，都应该注意分寸。因为即使是再亲密的朋友，也有不能触碰的逆鳞、不能交流的秘密和不该说的话。

只有不越边界，懂得分寸，不消费交情，才能久处不厌。交浅，但不言深，是对团队中其他成员的尊重，也是一场职场中的自我的修行。